交通运输职业系列丛书

交通运输职业伦理

交通运输部职业资格中心 **编著**

人民交通出版社股份有限公司
北 京

内 容 提 要

本书以伦理学理论为基础，结合我国交通运输行业实际，提出了交通运输从业人员应普遍遵守的道德原则和行为规范，内容包括：交通运输职业伦理概论，尊重生命和保障安全，职业、社会和环境责任，胜任力，公平公正，诚实正直，与客户的关系，与雇主和同行的关系，延伸阅读，以及我国交通运输行业自律公约选录、国外交通运输职业伦理章程选录等。

本书既可以作为交通运输从业人员提升职业道德水平的学习读本，也可以作为交通运输职业教育的辅助读物。

图书在版编目(CIP)数据

交通运输职业伦理／交通运输部职业资格中心编著. — 北京：人民交通出版社股份有限公司，2021.9
ISBN 978-7-114-17574-9

Ⅰ.①交… Ⅱ.①交… Ⅲ.①交通运输业—职业道德 Ⅳ.①F5②B822.9

中国版本图书馆 CIP 数据核字(2021)第 164133 号

交通运输职业系列丛书
Jiaotong Yunshu Zhiye Lunli

书　　名：	交通运输职业伦理
著 作 者：	交通运输部职业资格中心
责任编辑：	石　遥　赵晓雪
责任校对：	孙国靖　扈　婕
责任印制：	刘高彤
出版发行：	人民交通出版社股份有限公司
地　　址：	(100011)北京市朝阳区安定门外外馆斜街 3 号
网　　址：	http://www.ccpcl.com.cn
销售电话：	(010)59757973
总 经 销：	人民交通出版社股份有限公司发行部
经　　销：	各地新华书店
印　　刷：	北京市密东印刷有限公司
开　　本：	720×960　1/16
印　　张：	10.25
字　　数：	192 千
版　　次：	2021 年 9 月　第 1 版
印　　次：	2021 年 9 月　第 1 次印刷
书　　号：	ISBN 978-7-114-17574-9
定　　价：	50.00 元

(有印刷、装订质量问题的图书由本公司负责调换)

交通运输职业系列丛书
编审委员会

主　任：申少君
副主任：李好明　刘　鹏　陈孝平
委　员：何朝平　沈冬柏　王福恒　张　萍　郝鹏玮
　　　　张　巍　张文玉　刘　欣　雷小芳

本书编写成员

主　编：申少君　温　悦

Preface 前言

建设一支与交通运输事业发展相适应的交通运输从业人员队伍,为加快建设交通强国提供人才支撑,是我们交通运输行业职业资格工作者的职责所在。近年来,我们尝试着从交通运输职业这个维度开展了一些工作,旨在厘清交通运输职业的发展规律及其对从业人员的内在要求。我们在上海港引航站等交通运输行业基层单位建立了24个职业建设联系点,通过实证研究,梳理每一个交通运输职业的主要工作任务、职业工具、职业技术、职业特征等,阐释交通运输职业对从业人员的专业知识、基本技能以及心理素质和伦理道德等要求。编著出版了交通运输职业系列丛书,目前已经面世的有《船舶引航员》《机动车驾驶教练员》《水上救生员》《桥梁设计人员》《公路水运工程试验检测专业技术人员》等。召开了"中国交通运输职业发展国际研讨会",与国内外同行研讨人工智能、互联网、大数据等新技术对交通运输职业发展的影响,以及如何加强从业人员的职业保护等热点、难点问题。

近年来,我中心在交通运输部有关司局的指导下,在全国交通运输行业有关单位的大力支持和广大交通运输从业人员的积极配合下,开展了交通运输从业人员职业状况调查,编著出版了《中国交通运输从业人员发展报告(船舶引航员分册)》《中国交通运输从业人员发展报告(水上救生员分册)》等,分析发现,相当数量的交通运输从业人员的职业意识不够强。有些交通运输工程质量和安全责任事故反映出一些从业人员的交通运输伦理问题,特别是运输服务中的纠纷,暴露出一些从业人员职业素养亟须提高的问题。

为此，我们在调查研究的基础上，学习借鉴工程伦理、法律职业伦理等国内外同行的经验，在各有关单位和专家的支持下编著了这本《交通运输职业伦理》，旨在让广大交通运输从业人员通过本书，正确认识、进而妥善处理交通运输活动中的一系列伦理问题，也为交通运输院校的学生学习交通运输职业伦理知识、加强职业伦理素养提供参考。

本书主要由我中心人才评价研究处温悦同志编写，申少君同志编写了本书前言、后记，改写了第一章，并进行了策划指导和审核统稿的工作。本书编写过程中得到了中国引航协会、中交第一航务工程勘察设计院有限公司、中交第二公路勘察设计研究院有限公司、北京市政路桥管理养护集团有限公司、北京市地铁运营有限公司、上海申通地铁集团有限公司、天津轨道交通集团有限公司、广州地铁集团有限公司、南京地铁运营有限责任公司、山西省公路局、重庆市渝北区公路管理处、苏交科集团股份有限公司、新国线运输集团有限公司、东方时尚驾驶学校股份有限公司等单位的大力支持，还得到了人民交通出版社股份有限公司领导和编辑石遥、赵晓雪同志的大力支持和帮助。在此，我们一并表示衷心的感谢！

由于首次尝试构建交通运输职业伦理学，加之我们伦理学理论水平及掌握的资料有限，对各种交通运输方式的职业活动调查研究不够全面深入，书中可能有一些需要改进之处，敬请读者批评指正。

交通运输部职业资格中心

2021 年 8 月

CONTENTS 目录

第一章　概论 ·· 001

　　第一节　伦理 ··· 001
　　第二节　职业伦理 ·· 003
　　第三节　交通运输职业伦理 ··· 005

第二章　尊重生命和保障安全 ··· 007

　　第一节　尊重生命：道德的基本要求 ·· 007
　　第二节　确保行车安全 ·· 008
　　第三节　防范工程质量风险 ··· 024
　　第四节　杜绝从业中的其他安全事故 ······································· 031

第三章　职业、社会和环境责任 ·· 038

　　第一节　责任 ··· 038
　　第二节　职业责任 ·· 040
　　第三节　社会责任 ·· 046
　　第四节　环境责任 ·· 049

第四章　具备胜任力 ··· 057

　　第一节　具备基本的职业能力 ·· 058

第二节　胜任力与工作匹配 …… 075

第五章　公平公正 …… 077

第一节　避免利益冲突 …… 077
第二节　利益分配公正 …… 079
第三节　交换公平 …… 081
第四节　避免歧视 …… 085

第六章　诚实正直 …… 087

第一节　诚实 …… 087
第二节　不蓄意欺骗 …… 088
第三节　保障知情权 …… 089
第四节　从业活动中的诚实 …… 090

第七章　与客户的关系 …… 096

第一节　尊重人的基本权利和尊严 …… 096
第二节　不伤害和有利他人 …… 099

第八章　与雇主和同行的关系 …… 102

第一节　组织忠诚 …… 102
第二节　工程师与管理者的决策冲突 …… 105
第三节　保守商业秘密 …… 109
第四节　尊重知识产权和正当竞争 …… 110

第九章　延伸阅读 …… 112

第一节　伦理与法律的区别 …… 112
第二节　职业伦理与个人道德的区别 …… 113

第三节　职业伦理章程的制定及其目标 …………………… 114
第四节　学习职业伦理的意义 ……………………………… 115
第五节　人为什么要有道德 ………………………………… 118
第六节　如何成为有道德的人 ……………………………… 119

附录1　我国交通运输行业自律公约选录 …………………… 123
　　交通建设试验检测行业从业自律公约 ……………………… 123
　　汽车驾驶员培训行业自律公约 ……………………………… 124
　　全国汽车维修行业行为规范公约 …………………………… 124

附录2　国外交通运输职业伦理章程选录 …………………… 126
　　美国交通工程师协会伦理章程 ……………………………… 126
　　美国土木工程师协会伦理章程 ……………………………… 128
　　美国全国职业工程师协会伦理章程 ………………………… 132
　　国际咨询工程师联合会(菲迪克)伦理章程 ………………… 136
　　项目管理协会道德规范与专业操守守则 …………………… 138
　　世界工程组织联合会可持续发展和环境管理行为规范 …… 141
　　英国驾驶员和车辆标准局注册认证驾驶教练员从业守则 … 142
　　澳大利亚驾驶教练协会从业守则 …………………………… 145
　　美国汽车服务卓越协会认证维修技术人员伦理准则 ……… 149
　　美国汽车服务协会伦理章程 ………………………………… 150

后记 ………………………………………………………………… 151

第一章

概 论

第一节 伦 理

1. 伦理及伦理学

"伦理(ethic)"一词有多种含义,按照商务印书馆《现代汉语词典》(第7版)的解释,是指人与人相处的各种道德准则。在大多数与伦理话题有关的文章中,"伦理"一词通常都与"道德(morality)"等同或混用,用来指合适的、恰当的行为。

伦理学(ethics)以人类的道德问题为研究对象,专门研究人类道德的发生、发展及其一般规律。伦理学与逻辑学、认识论和形而上学一起构成了哲学的核心领域。伦理学的目标是为人们如何做人和怎样行事给予指导。伦理学主要关注人类道德价值和正确的行动,并系统回答:什么样的生活是最好的?怎样判定行为的对错?哪些品格最值得拥有?[①]

一般而言,道德的概念关乎他人或社会的利益,"如果一个行为被实施了,且后果造成了对他人权益和社会利益的维护或者损害,这个行为就可以从道德上被评价,成为了一种道德行为"[②]。在日常用法中,伦理在大多数情况下等同于道德,二者之间没有太大区别。当这两个词汇在伦理学中被用于描述道德现象、解释道德问题时,也都是能够互相换用的。因此在本书中,我们将交替使用这两个词语来解释与伦理相关的概念。

2. 伦理与道德的细微区别

我们强调伦理基本等同于道德,但这并不是说伦理与道德完全没有差异。尽管二者的差异很小,但澄清和了解它们的差异有助于更好地理解职业伦理。

[①] 程炼.伦理学导论[M].北京:北京大学出版社,2016:1.
[②] 何怀宏.伦理学是什么(第2版)[M].北京:北京大学出版社,2008:18.

具体来说,伦理与道德二者之间的差异主要存在于以下四个方面。

1) 伦理具有特定的历史含义

《说文》中说:"伦,辈也。"即"伦"指的是同族或同类人的顺序。在古语中,这个字通常代表封建礼教规定的"三纲五常"的长幼尊卑秩序。即使现在,"伦"代表封建纲常中同族人的辈分顺序依然是最广为人知的意思。这一用法使人们误认为"伦理"是根据家族血缘关系制定的规则。事实上,伦理不仅指家族辈分,还泛指人与人之间关系的处理及其处理的规则。

2) 道德强调美德,伦理强调义务

"道德"更容易与美德联系在一起,比如乐于助人、舍己为人、无私奉献等。这些美德一般在人们做一些超出义务范围的事情时得以体现,如慈善捐赠、志愿服务,或是在工作中追求高于一般标准的卓越等。这些超出义务的道德追求是自愿性的,即使人们不做也不会受到谴责。而"伦理"则不同,它要求人们必须守住道德底线,绝对不能做某些错误的事情,如不可偷盗、不可打虚假广告;同时,必须做一些正确的事情,如子女应该赡养父母、教师应该教给学生需要掌握的知识。伦理规定了什么是"应当"做的,什么是"不应当"做的。伦理是强制性的,人们不能违背。

3) 道德描述主观,伦理描述客观

在日常生活中,我们会用"道德"来评价人的主观特征。例如,我们会说一个人具备善良正直的"道德品格"而不是"伦理品格";谈论罪犯时,会说他们"没有道德"而不是"没有伦理"。而与"伦理"的常见搭配用语是"符合"或"违背"。可以看出,"道德"用于指代个人主观的信念、精神、品质,而"伦理"用于指代社会群体中客观存在的行为规范。① "道德"突出一个人因为遵守规则而具有的品德、德行,"伦理"突出人与人、人与自然之间关系的处理规则。②

4) 道德贴近习俗,伦理贴近研究

"道德"贴近现实生活,偏向于指某个群体当中已经存在的对错观念、文化习俗。这些习俗观念是经验性的、未经反思的。对于不同的文化群体来说,道德观念往往是不同的。而"伦理"更贴近于理论,偏向于指在对世俗的道德观念进行研究、总结和反思之后形成的一系列系统的知识。③

---

① 何怀宏. 伦理学是什么(第 2 版)[M]. 北京:北京大学出版社,2008:9-12.
② 李正风,丛杭青,王前. 工程伦理[M]. 北京:清华大学出版社,2016:15.
③ 尧新瑜. "伦理"与"道德"概念的三重比较义. 伦理学研究,2006(4),21-25.

第二节　职业伦理

1. 职业伦理的概念

职业伦理(professional ethics)是指从事某一职业的人员在该职业活动中所应遵循的道德价值原则以及具体的行为规则。职业伦理学属于应用伦理学范畴,是伦理学的基本原理或规则在职业活动中的具体运用。

职业伦理关注一个职业的从业者在工作中如何"正当地行事"的问题。它描述了一个职业的从业者所应尽的道德义务和受到禁止的不道德行为。换句话说,职业伦理划定了可以接受与不可接受的职业行为的界限,描述了该职业从业者最低水平的道德要求。因此,该职业的所有从业者都应当遵守这一职业伦理。

2. 职业伦理的组成

职业伦理一般由两个元素构成:较为抽象的原则(principles)和对原则具体化的行为规则(rules)。原则是抽象的道德规范,而规则是将原则具体化之后的行为标准。比如驾驶教练员要遵守公平原则,在具体的职业活动中就要遵守不因年龄、性别、种族、宗教、残疾或性取向等方面的不同而对学员产生歧视等行为准则。

1) 原则

原则的作用在于说明一个职业群体最看重的道德价值(如尊重生命、不伤害他人、诚实、公平等)。一组原则构成了一个职业群体共同的价值体系,从业者具体的行为规则在这一原则的体系框架下构建。当同一职业的从业者能够持有共同的道德价值并且能够遵守共同的道德规则时,其职业伦理价值也会相应产生:这一职业群体中每个从业者的基本权利和个人自由得以保证,从业者相互之间可以免于伤害、欺骗、不公正的对待,职业群体和谐相处,社会将实现稳定、安全和秩序。

在一个道德规范体系中,原则处于核心位置,是最概括抽象且具有普遍性的准则。[①] 所有的具体规则都是围绕原则并结合具体情境展开的。那么原则是如何得出的呢?通常来说,一组原则是由伦理学家通过合理公认的方法,在综合考虑各种对立的伦理学理论、结合现实中的合理信仰和道德、经验、习惯,在排除了理论内部的各种矛盾和难题之后建立起来的。[②] 可以说,在这种方法上

[①] 何怀宏.伦理学是什么(第2版)[M].北京:北京大学出版社,2008:79.
[②] 蒂洛,克拉斯曼.伦理学与生活(第9版)[M].程立显,刘建,等译.北京:世界图书出版公司,2008:140-155.

建立起来的一组原则是相对自洽、可靠的系统。

表 1-1 展现了职业伦理的一些常见原则及其释义。

职业伦理的一些常见原则及其释义　　　　　　　表 1-1

原　则	释　义
尊重生命	尊重生命原则要求从业者将保护人的生命安全和身体健康放在道德观念中的第一位。从业者要明确知道并小心留意任何可能威胁生命安全的情形,如果可能,要尽一切努力避免可能伤害他人生命的事情发生
责任	责任原则要求从业者以负责任的方式从业,履行基本职业义务。从业者需要考虑从业行为及决策对他人可能产生的影响,尽可能降低消极影响。如果消极影响发生,要为个人行为承担责任。"责任"包括对服务对象、雇主、公众、社会、国家及自然环境等的责任
胜任力	胜任力原则要求从业者必须具备履行职业责任所需的专业知识和专业技能;要通过不断学习,持续发展和保持胜任力;只在自己胜任的领域内提供服务,不可接受超出自己能力水平的工作任务
公平	公平原则要求从业者给予利益相关人员公平、平等和恰当的对待。它既要求从业者遵守商业中平等的利益交换规则(如:为客户支付的金钱提供等额的服务),也要求从业者在处理同时涉及多个利益相关者关系的事件上,尽量平衡各方的利益或风险
诚实	诚实原则要求从业者以真诚的态度处理工作事务,不以任何虚假、误导或欺骗的方式从业。它还要求从业者尊重服务对象的知情权,全面、准确和客观地告知他们所应当知道的信息
不伤害和有利	不伤害和有利原则要求从业者保持行为的正当性。它包括三个方面:(1)不故意做出可能导致伤害或不利影响的行为(即不作恶);(2)尽力阻止非自己造成的不利事件的发生(即去恶或去害);(3)在职责范围内,尽可能履行增进服务对象福祉(即行善或增利)的职责
尊重尊严	尊重尊严原则要求从业者尊重他人关于自我的基本需求,即:避免侮辱他人,避免以不当的方式伤害他人人格尊严
尊重自主	尊重自主原则要求从业者充分尊重服务对象自主决策的权利。这包括认识到人们的价值观之间存在差异,知道对于客户而言,只有他们自己才能真正决定自己的利益所在,只有他们能做出自己的理想决策。为了帮助客户自主做出决策,从业人员应当向他们提供决策所需的专业信息
保密	保密原则要求从业者保护雇主或客户的机密信息和重要资料不被泄露;保护客户个人隐私

2)规则

规则是原则的具体化。由于原则过于抽象,容易导致不同地域、不同文化、不同阅历的从业者对某一原则的具体理解出现偏差,甚至会出现南辕北辙的现象,不便于从业人员在具体职业实践中进行理解和运用。因此,我们在确定了一组原则作为道德准绳之后,为了把它们应用到解决从业活动中的道德问题里,就需要结合具体的从业活动,将原则细化为具体的行为规则,使人们可以更好地理解它、遵守它。规则可以告诉我们在具体情境中应该如何选择以及如何去做,[1]并为思考和选择的过程提供详细的判断依据。

第三节 交通运输职业伦理

1. 交通运输职业的主要特征

交通运输职业是指以交通运输为主要生活来源的工作类别。现代交通运输业包括铁路、公路、水路、航空和管道等五种基本的运输方式。五种运输方式优势互补,共同构成了综合运输体系。每一种运输方式都有其特定的运输线路和运输工具,并具有不同的经济技术特征。除管道运输外,各运输方式都分旅客运输和货物运输。无论从事哪一种运输方式及其基础设施建设、服务管理等工作的从业者,都属于交通运输职业群体的一员。

虽然每一种运输方式的工作都有其自身的特点,运输及其基础设施建设等工作也不相同,但作为运输服务的提供者,其工作都具有交通运输共同的特征。交通运输职业具有以下基本特征:

一是交通运输的独特性。交通运输职业在社会职业分工中,负责人们日常衣食住行中的"行",具有"行"的特殊性。

二是与安全相关度高。无论是从事交通运输基础设施建设工作,还是从事旅客货物运输工作,都与人民生命财产安全密切相关。

三是与民生相关度高。无论是从事旅客运输工作,让人便其行,还是从事货物运输工作,让货畅其流,都是为了满足人们日常生活的基本需要。

四是公共服务性。无论是从事哪一种运输方式,都是为他人乃至社会提供公共服务产品。

---

[1] 汤姆.比彻姆,詹姆士.邱卓思.生命医学伦理原则(第5版)[M].李伦,等译.北京:北京大学出版社,2014:14-18.

2. 交通运输职业伦理原则

交通运输职业伦理是指交通运输从业人员在职业活动中所应遵循的道德价值原则以及具体的行为规则,是伦理学的基本原理或规则在交通运输职业活动中的具体运用。交通运输是国民经济中基础性、先导性、战略性产业,是重要的服务性行业。交通运输职业的基本属性和特征,要求交通运输从业人员应该遵守以下五个基本的伦理原则:(1)尊重生命;(2)胜任力;(3)责任;(4)公平;(5)诚实。

借鉴国内外关于职业伦理的研究成果,结合交通运输职业实际,本书将按照职业伦理原则,分九章内容依次展开阐述交通运输职业伦理。其中,第二章至第六章讨论职业伦理中的尊重生命、胜任力、责任、公平、诚实五个重要伦理原则;第七章至第八章根据不同交通运输职业的职业活动内容和人际关系,讨论从业者与客户、雇主、同行之间的伦理问题;第九章是延伸阅读。

第二章

尊重生命和保障安全

第一节 尊重生命:道德的基本要求

尊重生命是从业人员应遵守的基本伦理原则。因为生命是人的基本所有物、主要所有物,每个人的生命都是独一无二的,谁也无法分享或占有别人的生命。① "没有生命,就没有道德体系",承认生命的价值是讨论一切道德问题的基础。

人的生命至高无上,任何道德问题的考虑都应把人的生命权和健康权放在第一位。生命在道德考虑中的首要性,不单表示在故意剥夺他人生命是错误的,同时也表示在任何有意或无意增加伤害生命风险的行为都是错误的。交通运输行业中的许多职业都与生命安全密切相关,从业者应当非常谨慎,防止由于自己的原因导致伤害生命或健康的事故发生。

与尊重生命高度相关的一条伦理原则是"不伤害原则"。"不伤害"要求人们不伤害他人的身体或精神,不造成痛苦,不侵犯他人各方面应有的权利。"伤害"可以解释为对人不利的各种方式,对人身体的伤害是其中很重要的一种。在不伤害身体方面,又包括了不致死、不致残、不致疼等具体道德规则。

无论是尊重生命原则,还是不伤害原则,基本的要求都是从业者必须在工作中将安全和人道主义的考虑放在首位,不伤害他人,也不伤害自己,最好还要尽力劝阻他人不做出可能造成伤害的行为。

本章的三节内容聚焦了交通运输行业当中最常见的由于从业者的原因而发生安全事故的几个领域,涉及的人员主要包括道路运输驾驶员、驾驶培训教练员、工程建设管理人员、技术人员、施工人员等。尽管不同职业漠视生命的行

---

① 蒂洛,克拉斯曼.伦理学与生活(第9版)[M].程立显,刘建,等译.北京:世界图书出版公司,2008:140-149.

为表现可能各不相同,但都共同违反了伦理的基础原则。伦理原则对于所有从业者(包括书中没有提到的其他职业)是普适共通的。在尊重生命这个问题上,每个人都应当明白"除非有十分重大的理由,否则,在违背他人意愿的情况下剥夺他人生命就是极大的恶。"①人的任何行为都应当以尊重他人的生命和健康为底线。

第二节 确保行车安全

道路千万条,安全第一条。行车不规范,亲人两行泪。

道路运输从业者(特别是驾驶员)的工作无时无刻不与生命安全密切相关,任何失误都可能酿成不可弥补的生命安全事故,造成他人生命财产的巨大损失,给受害人及其家庭带来痛苦。

无论是从避免伤害他人人身安全的角度,还是为了自己的生命安全,驾驶员都应当在从业中保持谨慎,将保证行车安全作为工作的第一要务,将尊重生命、保护人身安全作为行为的最高准则,改变"多拉快跑"等可能埋下安全风险隐患的错误观点,避免在驾驶过程中因盲目相信自己的驾驶水平而放松警惕。

驾驶员应在从业中小心避免任何可能造成安全风险的隐患,不做任何可能威胁生命安全的危险驾驶行为。具体来说,驾驶员应当用防御性驾驶的方式,排除车辆、货物、自身状况、驾驶方式等各方面的危险源所可能导致的风险,将事故的概率降到最低。如果不幸发生事故,则必须积极采取措施减少进一步伤亡的风险。

1. 保证车辆和载物符合安全要求

在行车上路前,驾驶员应保证所驾驶车辆符合《机动车运行安全技术条件》(GB 7258—2017)。运输车辆自身不安全是行车的重要危险因素,货物运输企业、车辆所有人和驾驶员都应注重对车辆的维护,降低车辆不安全状态带来的风险。在出车前,驾驶员应对车辆外观、发动机舱、驾驶室以及仪表盘、报警装置、发动机运转情况进行安全检查,发现问题和故障应及时解决和排除,无法自行排除的,应当及时送修。另外,在出车前应准备好相应的安全备品、工具,保证车上安全、消防等设施齐全有效[危险品运输车辆还需要配备反光条、防撞护栏、紧急切断阀等专用设施,并按照现行《道路运输危险货物车辆标志》(GB 13392)的要求悬挂标志]。在行车中、收车后,驾驶员也应注意对车辆进行检视。如果行车中发生故障且不能排除的,要及时求助,不可让车辆"带病"继续

---

① 程炼.伦理学导论[M].北京:北京大学出版社,2016:1.

行驶。

案例 2-1 驾驶故障车辆上路致重大交通事故[①]

2018年11月3日,兰海高速公路上发生一起特大交通事故,一辆装载履带起重机部件的半挂车从17km长下坡路段行驶至距兰州南收费站50m处,与1辆货车发生碰撞后,连续与13辆小型客车直接碰撞,所载货物甩出砸中其他车辆,并导致周围18辆小型客车相互碰撞,造成15人死亡、44人受伤、33辆机动车受损。事故原因是制动失灵造成的车辆失控。

据调查,事故发生十几天前,驾驶员已发现车辆制动有问题并多次告知车主修理,但直至事故发生,车主未对制动系统进行检修。该车制动失灵后,在长约10km、行驶近8min的路程中,途经4处避险车道,肇事驾驶员都未采取紧急避险措施。此外,肇事车辆违法超载、货物装载时捆绑固定存在安全隐患,也加剧了事故损害结果。

货物运输企业、车辆所有人和驾驶员应保证车辆所装载的物品符合运输规定,不可将普通货运车辆用于运载危险化学品(以下简称"危化品"),更不可为运载危化品对普通货车进行非法改装。我国对危险货物运输有着严格的监管规定,运输危险货物必须使用与承运危险货物性质、重量相匹配的专用车辆、设备。运输危化品的单位和人员要经过严格的培训考核,获得相应资质后,才可以从事危化品的运输,运输还需配备专门押运人员。将普通车辆进行非法改装用于运输危化品,会产生非常严重的安全隐患;而若存在设施配备不齐、人员未受过专门应急处置培训等问题,一旦事故处置不当,会造成极大的损失。明知改装车辆是违法行为却依然冒风险运输危化品,是对自己和他人生命极不负责的行为。只要问题车辆启动,危险就会一路相随。[②]

案例 2-2 沪昆高速公路特别重大道路交通危化品爆燃事故

2014年7月19日2时57分,湖南省邵阳市境内沪昆高速公路由东向西方向,一辆运载乙醇的轻型货车与前方排队等候通行的大客车发生追尾碰撞。轻型货车运载的乙醇瞬间大量泄漏起火燃烧,致使大客车、轻型货车等5辆机动车被烧毁,造成54人死亡、6人受伤(其中4人因伤势过重医治无效死亡),直接经济损失5300余万元。

发生事故的轻型货车无危险货物道路运输许可证,其经营范围为普通货运。车辆被非法改装,加装了支架、罐体、货箱等用于乙醇运输。为了逃避执法检查,车体被喷上了"洞庭渔业"四个字。货车的核定载货量为1.58t,事发时,

---

① 姜伟超. 兰州"11·3"重大道路交通事故调查结果公布[N]. 新华社,2018-11-16.
② 焦点访谈. 危险的运输. 中央电视台,2014-8-18.

实际装载乙醇量为6.52t。驾驶员刘某所取得的道路运输从业资格证从业资格类别为普通货物运输,未取得道路危险货物运输从业资格证。押运员张某也未取得道路危险货物运输押运员从业资格证。肇事运输企业在事故发生之前,就曾多次违反《危险化学品安全管理条例》规定,非法改装车辆充装危化品,并让无资质人员进行运输。

客运驾驶员也应当确保客车上的行李物品符合要求。许多客车经营者或驾驶员受利益驱使在站外揽客、违规装载货物甚至装载危化品,这些行为可能带来严重的安全隐患。因此,班线客运驾驶员应当在规定的站点停靠上客,以保证旅客所携带的行李物品通过安全检查。当驾驶员发现旅客携带违禁品上车时,应将物品卸下、销毁或送交有关部门。旅客坚持携带违禁品的,应当拒绝运输。

案例2-3 京珠高速公路河南信阳卧铺客车燃烧事故[①]

2011年7月22日凌晨,一辆大型卧铺客车(核载35人,实载47人)在京珠高速公路信阳市境内突然发生爆炸燃烧,导致车上41人死亡、6人受伤,客车严重烧毁,直接经济损失2000多万元。事故原因是大客车管理人违规运输的15箱共300kg危化品偶氮二异庚腈受热分解并发生爆燃。

调查显示,事故车辆存在长期不进站报班发车、不按规定班次线路行驶、违规站外上客、人员超载、违规载货等安全问题。此次事故发生前,客车在报班不符合要求的情况下私自出发,并在管理人李某的授意下先行驶至危化品存放地装载偶氮二异庚腈,然后才回到汽车站补票处附近上客。在行驶过程中,车辆在沿途多地上下旅客、装卸货物。途中,有旅客在行李舱内托运一批海鲜,因担心海鲜箱内的冰块解冻致货物受潮,李某和驾驶员孙某将偶氮二异庚腈堆放至客车舱右后部存放,最终导致偶氮二异庚腈在发动机放热、挤压、摩擦等综合因素影响下受热分解并发生爆燃。

运输货物应将货物以相应的方式固定牢固。载物的长、宽、高不能违反装载要求。货物在运输过程中,由于车辆起步、制动、转弯等情况,会使货物产生移动,导致货物滑落、倾倒。在案例2-1中,因为肇事货车货物装载捆绑存在问题,加剧了事故伤亡。货物固定不牢甚至会在车辆正常行驶时发生事故(见案例2-4)。因此,在装载货物时应对货物进行正确摆放、合理捆扎和固定,使货物在运输途中不发生滚动、倾覆、倒塌、坠落等情况。在运输过程中,由于颠簸和振动,货物会出现固定松动、脱落等现象。驾驶员在运输途中应当定期进行检查,确认货物是否有松动、漏撒等现象,并进行相应加固。

---

① 京珠高速河南信阳"7·22"特别重大卧铺客车燃烧事故调查报告[R].劳动保护,2012(8):12-16.

案例 2-4 货物固定不牢,砸中邻车乘客[①]

一辆在高速公路上行驶的重型半挂牵引车,在避让左侧变道的小轿车时,车上所载一块长、宽、高均约 1m、重达 2t 的铁质履带吊配件掉落砸在变道的小轿车车顶,导致轿车后排的 2 名乘客被压身亡。

2. 不超载、超限、超员

由于利益驱动或是市场之间的恶性竞争,许多运输驾驶员都以"多拉快跑"的错误观念为宗旨,通过违法增加运量来提高运输效率、降低成本,而不顾及超载可能产生的安全隐患。

车辆超载运输是违反道路交通法律法规的行为,会带来许多危害。首先,超载会导致车辆技术状况降低、车辆安全性能下降,极易引发交通事故。超载会使得车辆爆胎概率增加。转向时,车辆会因离心率增大导致侧翻。超载还会导致车辆制动距离变长,在长下坡过程中更易因为过热导致制动失效。据统计,因超载、超限运输所发生的交通事故占货车交通事故总量的 30% 以上,而且重特大交通事故一般都是因超载、超限运输引起的。我国每年因超载、超限运输引发的交通事故约 15 万起,伤亡人数达 13 万人次,经济损失大约为 6 亿元。[②]

其次,超载(特别是货运车辆的超载、超限运输)会对公路造成严重损伤,使公路使用寿命大大折减。超限重量的增加和其对路面的损害是呈几何倍数增长的,例如,超限 10% 的货车对道路的损坏会增加 40%;一辆超载 2 倍的车辆行驶一次,对公路的损害相当于不超限车辆行驶 16 次。[③] 据测算,超载、超限运输一年给我国公路网带来的直接经济损失达 700 亿元。[④]

超载还会导致桥梁出现拱圈开裂、桥墩变形等病害,引起桥梁结构灾难性的破坏,甚至引发公路桥梁垮塌的重大事故。从表 2-1 中可以看出,在 1999—2011 年的桥梁垮塌事故中,超载、超限导致的垮塌事故占近半数。桥梁垮塌事故在造成重大经济损失的同时,对于驾驶员自身的生命安全也构成了极大的威胁。

1999—2011 年国内桥梁垮塌事故及主要原因[⑤] 表 2-1

事故发生日期	地点及桥名	垮塌简要状况	事故主要原因
1999 年 1 月 4 日	重庆綦江彩虹桥	整体垮塌	建造不规范

[①] 刘满元.货车掉下"铁疙瘩"砸中小车祖孙身亡[N].广州日报,2015-3-12.
[②] 路成章,王文龙.超载运输对社会的危害[J].公路交通科技,2004,21(05):152-157.
[③] 大型货运车辆超限超载的主要原因及危害[J].汽车与安全,2016(10):24-25.
[④] 路成章,王文龙.超载运输对社会的危害[J].公路交通科技,2004,21(05):152-157.
[⑤] 韩亮,樊健生.近年国内桥梁垮塌事故分析及思考[J].公路,2013(3):124-127.

续上表

事故发生日期	地点及桥名	垮塌简要状况	事故主要原因
2001年11月7日	四川宜宾南门长江大桥	4对8根钢缆吊杆断裂,两端桥面发生坍塌	吊杆断裂
2004年6月10日	辽宁盘锦田庄台大桥	自重30t的大货挂车载着80t的水泥,在严重超载的情况下通过该桥,造成悬臂梁端突然断裂,桥板脱落	超载
2005年11月5日	贵州遵义务川县在建珍珠大桥	施工单位在施工中使用了不符合安全质量的施工器材;违规作业	施工原因
2005年12月14日	贵州贵阳贵开高等级公路小尖山大桥	横跨在3个桥墩上的两段正在浇铸的桥面轰然坠下	施工原因
2006年5月16日	甘肃岷县北门洮河大桥	突然垮塌	超载
2006年7月14日	广东京广线武江大桥	被洪水冲垮	洪水
2006年8月1日	辽宁营口熊岳大桥	强降水形成的洪水冲塌了202国道熊岳大桥,致使大桥3孔坍塌	洪水
2006年8月29日	福建厦门同安湾大桥	支架发生局部失稳坍塌,导致正在浇筑的混凝土桥箱梁垮塌	施工原因
2006年11月25日	陕西白河县境内316国道冷水河大桥	突然垮塌	超限车辆多,结构自身不适应日益增加的交通负荷
2006年12月9日	北京顺义减河悬索桥	静力载荷试验时倒塌	施工原因
2007年5月13日	江苏常州运河大桥	西半幅桥梁突然发生坍塌	超载
2007年5月23日	浙江宁波奉化方桥	遭到船只撞击后倒塌	船只碰撞
2007年6月15日	广东佛山九江大桥	一艘运沙船下行通过九江大桥时不慎撞上桥墩,桥墩当场被撞断,桥面随之垮塌	船只碰撞

续上表

事故发生日期	地点及桥名	垮塌简要状况	事故主要原因
2007年8月13日	湖南凤凰县堤溪沱江大桥	2号腹拱下的拱脚区段砌体强度达到破坏极限而坍塌,受连拱效应影响,整个大桥迅速坍塌	施工原因
2007年10月13日	内蒙古包头市民族东路高架桥	3辆重型货车和1辆轿车行驶至桥上时,桥面发生倾斜	超载
2009年5月17日	湖南株洲高架桥	施工方面不具备相应资质,在实施预爆破时由于震动过大,导致封锁区域外桥体垮塌	施工原因
2009年6月29日	黑龙江铁力市西大桥	3号墩基底局部被水冲刷脱空,承载力不足,基础沉降和位移。超载货车驶过导致桥面坍塌	冲刷、超载
2009年7月15日	天津津晋高速公路匝道桥	密集停车形成巨大偏载,导致桥梁梁体向右侧倾斜而引起倒塌	超载
2010年5月26日	319国道彭水段红泥桥	桥面突然垮塌	连续集中降雨冲毁基础
2010年6月8日	吉林省道锦江大桥	超载货车载重126t,严重超载、超限强行通过导致事故发生	超载
2010年7月24日	河南栾川县汤营大桥	因特大洪水发生整体垮塌	洪水
2010年8月19日	四川成都崇州老定江桥	山洪不断冲刷,造成桥基悬空桥面垮塌	洪水
2011年2月21日	浙江上虞境内春晖立交桥引桥	大货车超车时发生坍塌,4辆大货车侧翻	超载
2011年4月12日	新疆库尔勒市孔雀河大桥	主跨第二根吊杆断裂,造成桥面塌陷	超载

续上表

事故发生日期	地点及桥名	垮塌简要状况	事故主要原因
2011年5月29日	吉林长春荣光大桥	桥面发生塌陷,事发时一辆正在驶过的货车坠入河中	疑似超载
2011年7月11日	江苏盐城328省道通榆河桥	两辆货车行进在该桥上时,桥体突然发生垮塌	不详
2011年7月14日	福建武夷山公馆大桥	大桥北端突然发生垮塌	超载
2011年7月15日	浙江杭州钱江三桥引桥	超限、超载货车对空心板梁产生的荷载效应超过了空心板梁设计的抗力效应,致使梁板断裂	超载
2011年7月19日	北京宝山寺白河桥	一辆重达160t的严重超载砂石货车,通过宝山寺白河桥第一孔时发生桥梁坍塌	超载
2011年7月24日	安徽合肥市在建高架桥	贝雷梁预压时发生倾斜倒塌	施工原因
2011年8月1日	海南万宁市太阳河大桥	正在加固、浇筑桥面时发生坍塌事故	施工原因

最后,超载、超限运输还会经常遭遇各类执法人员的盘诘和处罚,从而造成运输时间的延误和合同的违约。因此,无论是为了保障自身安全、履行职业责任,还是减少社会危害,驾驶员都应该遵纪守法,不进行超载、超限、超员运输。

案例2-5　超载致高架桥匝道倾覆事故①

2012年8月24日,哈尔滨市三环路群力高架桥洪湖路上行匝道发生了一起由于车辆严重超载导致匝道倾覆的交通事故。4辆超载货车同时驶入上行匝道,匝道倾覆,4辆货车翻落至地面,造成3人死亡、5人受伤。

事故中,4辆货车由倾覆匝道右侧翻落至地面(图2-1),由北至南排序分别编为1~4号车。1号车为2轴货车,装载白色编织袋包装的猪饲料。2~4号车为6轴重型半挂车,属非标车辆,装载货物为石灰石。

---

① 哈尔滨市政府.关于哈尔滨市"8·24"三环路群力高架桥洪湖路上行匝道特大道路交通事故调查情况的报告[R/OL].2012-9-19.

图 2-1 高架桥匝道倾覆事故现场图片①

8月23日,运载石灰石的 2~4 号货车在经过收费站时,因超限被拦下罚款。24日凌晨,3 辆货车绕过了哈尔滨公路超限检测站,驶上了三环路群力高架桥洪湖路上行分离式匝道。之前,3 辆货车保持一定距离行驶。驶入匝道后,2 号货车接近了在此上坡的运载饲料的 1 号车,3 号和 4 号货车随即赶上。由于 4 辆货车在上行匝道同时集中靠右侧行驶,造成上行匝道向右倾覆。

经调查和实际称重,发现事故车辆存在严重超载,见表 2-2。

表 2-2 事故车辆超载统计表(单位:t)

车辆编号	核载	实载	超载率	车货总重
1号	9.60	12.42	29.38%	18.63
2号	30.00	125.23	317.43%	153.29
3号	31.24	134.55	330.77%	163.59
4号	31.30	123.20	293.61%	149.68
总计	102.14	395.40	287.15%	485.19

3. 保证身体和精神符合驾驶要求

出车前,驾驶员不仅要检查车辆的技术性能,还要对自身的身体状况进行检查。若有不适或在患病期间不要上岗驾车,防止行驶途中突然发病或病情加

---

① 陈静. 哈尔滨 8·24 特大道路交通事故调查情况[N]. 东北网,2012-9-19.

重。各种类型的不适、疼痛、疾病会分散驾驶员对交通状况的注意力,从而降低车辆行驶的安全性。在患有疾病的情况下驾驶车辆,驾驶员的判断能力、观察能力、控制能力都会大大降低,增加发生交通事故的可能性。疾病严重时,驾驶员还可能失去意识,失去对车辆的掌控,从而引发事故。因此,如果驾驶员身体不适、有疼痛感,或有影响行动能力的包扎等状况时,不宜上路行车。驾驶员还应当定期到医院做身体检查,以便能及时发现身体存在的不良状况,当发现有心脑血管疾病等不宜从事驾驶工作的疾病时,出于自身及他人安全考虑,不要继续从事驾驶工作。

案例 2-6 客运驾驶员驾驶中突然昏迷①

一辆搭载 30 名乘客的客车行驶在高速公路上时,驾驶员突发中风,晕倒在了驾驶室的座椅上。而此时,车辆还在高速行驶着,并且频频撞击护栏,随时可能发生危险……幸而前排乘客和顶班驾驶员被撞击声惊醒,起身去往驾驶室,一人握住转向盘控制客车,一人用手按下制动踏板,配合将客车停靠下来,保住了车上人员的生命安全。

疲劳、睡眠不足是影响驾驶安全的另一种身体状况。驾驶员因长时间驾驶或休息不足而产生疲劳,容易在驾驶中出现困乏、注意力不集中、反应变慢、甚至睡着的情况,非常容易导致危险的发生。疲劳驾驶危险性很大,尤其是对于长途客运驾驶员来说,他们肩负着一车乘客的生命安全,如果发生意外或闪失,后果不堪设想。

驾驶员除了严格按照《道路交通安全法实施条例》的规定,连续驾驶 4h(夜间连续驾驶 2h)需要休息 20min、凌晨 2~5 时落地休息外,只要自己感到疲劳困倦、精神状态不足以继续驾驶,都应该及时停车、充分休息,以保证驾驶时意识清醒。

酒精和某些安眠、镇定及止痛的药物也会影响驾驶员的精神状态,使驾驶员昏沉、嗜睡,降低驾驶员的注意力与反应能力,降低对车辆的控制能力,或使驾驶员失去对危险的感知,从而容易导致事故发生。驾驶员不仅应当避免在饮酒、服用相关药物后上路行车,还应确认在车辆上路时,血液中酒精的含量为零。

案例 2-7 货运驾驶员凌晨疲劳驾驶受重伤②

某日凌晨 2 时 20 分,一辆满载货物的厢式货车在高速公路上追尾了一辆重型半挂车,货车车头严重变形,驾驶员受重伤,同行人员死亡,车内价值 70 多万的货物也全部损失。事后,肇事驾驶员十分懊悔,他告诉民警:"因为长时间

---

① 谢甜泉.千钧一发,浙江乘客把稳方向盘[N].浙江日报.2018-6-18.
② 男子闭了一下眼 损失 70 多万还搭上了一条人命[N].北青网,2018-5-12.

的驾驶,我逐渐出现疲劳状态,意识不能集中,到事故路段,我眼睛都闭起来了,当睁开眼睛时才发现自己与前车距离越来越近,我连忙刹车,向左打方向,但是已经来不及了,撞上了前面的车,发生了事故。"

案例 2-8 京昆高速公路"8·10"特别重大道路交通事故①

2017 年 8 月 10 日晚 23 时 30 分,一辆载有 49 人的客车以约 80km/h 的速度正面撞向了京昆高速公路秦岭 1 号隧道口洞口的端墙(图 2-2),导致车辆前部严重损毁变形、座椅脱落挤压,造成 36 人死亡、13 人受伤。发生碰撞前,驾驶员王某未采取转向、制动等任何安全措施,表明他已经处于严重疲劳状态。调查显示,事故发生时,王某已经连续驾车 2h29min 未落地休息,而事发前的 38d 时间里,王某只休息了一个趟次(2d),其余时间均在执行长途班线运输任务。

图 2-2 事故客车撞在隧道口端墙

4. 遵守驾驶规范,安全谨慎行车

1) 保持注意力集中

近年来,因玩手机导致的交通事故屡见不鲜(图 2-3)。数据显示,2012—2017 年,全国各级人民法院处理的机动车交通事故责任纠纷中,驾驶时玩手机排在所有事故诱因中的第 3 位,占比高达 10.56%。② 也就是说,每 10 起交通事故中,至少有 1 起是因为玩手机产生的。

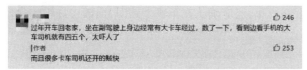

图 2-3 社交媒体上的网友评论

---

① 国务院陕西安康京昆高速"8·10"特别重大道路交通事故调查组. 陕西安康京昆高速"8·10"特别重大道路交通事故调查报告[R/OL]. 2018-1.

② 最高人民法院. 机动车交通事故责任纠纷案件分析报告[EB/OL]. 2018-03-29.

驾驶员需要在行车时"眼观六路、耳听八方",不断地观察和处理外界信息,以便快速及时地进行正确的判断和操作。玩手机以及其他事情,如吃东西、找东西,都会分散驾驶员注意力,使驾驶员无法及时注意到突发的意外情况并快速反应采取措施。在驾驶员短暂低头的一瞬间,可能出现许多意外情况,而在车辆飞速行驶的时候,任何意外都相当于用生命在冒险。

试想一下,车辆行驶速度为60km/h,低头3s就相当于盲开了50m;而当车速为90km/h时,低头3s相当于盲开75m。如果遇到紧急情况不能及时制动时,后果可能非常严重。而且,玩手机、找东西这些活动除了分散注意力外,还需要驾驶员腾出手操作。单手握转向盘容易导致在转向时偏离路线,引发事故。如果车辆意外爆胎,单手握转向盘会增大车辆偏向的风险。所以,作为一名具有职业素养的驾驶员,应拒绝一切分散注意力的活动。在驾驶车辆时,只专心做驾驶这一件事。

案例2-9 客运驾驶员7min看39次手机撞倒路人[①]

客运驾驶员高某驾驶空载的大型普通客车在公路上行驶。当行至一处乡村公路路口时,高某因为看手机分神导致制动不及,撞倒了一名骑自行车穿越马路的路人,导致路人不幸身亡(图2-4)。交警调取行车记录仪后看到,高某事发前多次低头看手机,有几次还将手机横过来双手握着,并用手指操作屏幕。根据统计,在事故前的7min内,高某共低头看手机39次。其间几乎是低头看一眼手机,再看一眼前方路况,有时一次低头的时间近2s。

图2-4 边开车边玩手机,不仅开到了左侧车道,还撞倒了骑车行人[②]

---

① 林清智. 大客司机不停看手机 刹车不及撞死骑车人[N]. 现代快报,2014-10-24.
② 来源:中央电视台新闻频道.

思想误区:"老司机"开车就能玩手机?

开车打电话、玩手机、吃东西……许多"老司机"仗着自己经验丰富,以为车辆行驶状况都在自己的掌控之中,不会发生意外,或是即使发生了意外状况,也能够靠自己的技术很好地化险为夷。但事实真的如此吗?

客车驾驶员刘师傅是一位有着21年驾龄的"老司机"。一天,他驾驶着搭载50多位乘客的客车在高速公路上行驶,一边驾驶一边嗑瓜子。当他又俯下身去拿瓜子时,正好行驶到了施工路段,前方车辆都在减速排队等待通过。可是,等刘师傅拿完瓜子起身看到眼前的路况时,已经来不及减速了,客车直接撞上了前方正在变道的重型货车。刘师傅不幸丧命,乘客也不同程度受伤。①

交警的统计数据显示,驾龄在5年以上的驾驶员,因玩手机、吃东西等分心的原因发生事故的比例比新手驾驶员更高。新手驾驶员认为自己经验不足,行车时往往更加保守谨慎,而经验丰富的驾驶员对自己的驾驶技术可能出现过度自信。

过度自信是许多人都存在的一种思维偏差。曾有一个实验,随机向路上的驾驶员提出这样一个问题:相对于道路上的其他驾驶者,你认为自己的驾驶技术处于平均水平之上,还是水平之下?大约80%的人都会说自己的驾驶技术在平均水平以上,只有20%的人认为自己低于平均水平。并且,大部分人都觉得自己驾驶比别人安全,发生事故的可能性更低。

过度自信使得驾驶员们对自己的实际驾驶能力、控制局面的水平有着过高的估计。高估控制能力指的是"老司机"们相信自己能够控制驾驶情况、遇到意外因素时能够很轻松地进行处置,相应地也低估了危险事故发生的概率。如果对驾驶工作非常熟悉,或者行驶在熟悉的路段时,这种"我有控制能力"的错觉会被进一步放大。

所以,许多经验丰富的驾驶员都有"灾难不会降临在自己身上"的错误想法,觉得事故发生在自己身上的概率低于发生在别人身上的概率。这也是为什么许多驾驶员对于各种交通事故的报道已经耳熟能详,但依旧在驾驶时玩手机、吃东西,或进行其他分心活动——他们相信自己的驾驶能力足以控制一切状况。可是事实上,很有可能是这种不切实际的乐观主义,最终将驾驶员带入事故之中。

这种盲目的乐观,你也有吗?

2)遵守驾驶规范

禁止驾驶员采用危险的、可能导致安全事故的方式驾驶车辆,应当严格遵

---

① 饶俊华,张少波,代创新.新疆一客车司机嗑瓜子追尾大货车[N].新疆网,2015-11-03.

守道路安全法律、法规和驾驶员安全操作规范。严格按信号灯和标志标线行驶,不超速、不超载、不超员、不强行超车、不违法掉头、倒车、会车、变更车道,不开斗气车,不与他人竞速行驶。

案例 2-10 大客车超速行驶致重大交通事故①

一辆载有 55 人(核载 55 人)的大客车在高速公路上行驶时发生了事故。事故发生在夜里,当天因下雨路面湿滑,客车在经过一个下坡弯道时,由于车速过快,车头撞击道路左侧护栏,侧翻在车道内。50s 后,后侧驶来的一辆中型货车迎面撞击上客车底盘,使其向前推移。事故共造成 16 人死亡,39 人受伤。事故的主要原因是客车超速行驶,事发时车速 96km/h(该路段限速为 80km/h),导致客车偏离车道并最终失控。事故的次要原因是货车超载(超载 70%),延长了制动距离。

案例 2-11 高速公路大桥上两大车危险驾驶②

一天,张师傅开着重型货车正行驶在某高速公路的第二车道上。右前方,一辆大客车正行驶在第三车道上。由于第三车道前方正在施工,客车驾驶员想要变至第二车道,并且伸手向张师傅示意了一下。但张师傅的货车并没有避让,反而加速往前行驶,把客车挤了过去。

这一下,客车直接撞上了前方施工的隔离锥筒,驾驶员李师傅非常生气。他不顾车上还有 25 名乘客,驾驶客车故意"别了一下"货车,泄愤后加速离开了。就在李师傅觉得争执结束了的时候,没想到,张师傅驾驶着货车追了上来,并将一个矿泉水瓶砸向了李师傅。李师傅觉得不能吃亏,也拉开车窗,向大货车"回敬"了一个水杯……就在客车加速离开时,不慎与货车发生了碰撞,导致货车一边的反光镜被撞坏。

经交警鉴定,两车在相互追逐的时间段内,车速已经超过了限速 80km/h,超速 24%。在高速行驶的情况下,两车驾驶员还做出了拉车窗互相投掷水瓶的危险行为,已涉嫌危险驾驶。最终,两人以危险驾驶罪被提起公诉,分别获刑 5 个月和 4 个月,并处罚金。法官解释,危险驾驶罪的认定并不需要有事实的危险发生,只要具有危险性,并且对公众、公共安全造成影响,就可以追究相关人员的刑事责任。

*最美货车司机:安全驾驶,对自己负责,也为他人负责*③

---

① 重庆市政府包茂高速(重庆黔江段)"3·25"重大道路交通事故调查组.包茂高速(重庆黔江段)"3.25"重大道路交通事故调查报告[R/OL].

② 今日说法.危险追逐.中央电视台,2018-10-29.

③ 杜晨歌.走近货车司机|安全驾驶 内化于心外化于行[N].中国交通新闻网,2019-2-20.

56 岁的王喜军已经开了 31 年车,31 年来,他驾驶汽车从未发生过责任事故或车辆责任故障,创下安全行驶 400 多万 km 的佳绩。不争抢、不超速、不开斗气车,王喜军始终把遵守道路交通法律法规放在第一位,开车几十年,他的驾驶证没有扣分记录,"谁也不愿意出交通事故,开车遵循交通法规,不光是对自己负责任,也是为他人负责!"

安全驾驶更离不开对车辆的保养和爱护。行车 30 多年,无论在哪里、开什么车,无论出车多晚,王喜军总要从内到外把车擦拭干净,再习惯性地围着车辆转几圈,看看车漏没漏油、轮胎有没有漏气、车哪里有问题,直到全部检查无误后,他才放心回家。

3)防御性驾驶

驾驶车辆时,除了遵守道路交通法律法规外,驾驶员还应当按照防御性驾驶的理念,采取积极的预防性措施,主动避免事故发生。要进行积极的观察,并根据天气、道路状况以及目测的事物等与安全驾驶有关的各种要素,分析、判断、预测存在的行车风险。对于风险较高的行车状况,主动提前预防、准备,而不是在紧急情况出现后再进行反应。例如,始终与其他车辆保持足够的安全距离,或在视野受阻或行车到路口时,提前采取制动、减速措施,避免出现紧急情况。

需要指出的是,驾驶培训教练员也需要严格遵守道路交通法律法规和安全驾驶规范,按照防御性驾驶的方式进行驾驶。要在自己驾车时特别注意驾驶方式的安全性,绝不可以向学员炫耀危险驾驶(如超速、抢灯、强行并线)的技能。教练员以不安全的方式驾驶,可能危及自身、车上学员和其他无辜人员的人身安全。同时,教练员也会将不良的驾驶习惯传授给学员,使得学员在独立上路时,轻视不安全驾驶方式所带来的风险。在任何时候,教练员都应该以保守的、安全的、尽可能不发生事故的方式驾驶,并对学员进行言传身教,确保将良好的驾驶习惯传授给学员。

5. 考虑对其他交通参与者的影响

驾驶员应考虑车辆对其他交通参与者的影响,避免造成其他交通参与者的生命财产损失。道路运输车辆因体型大、重量重等特点,在道路交通环境中处于"强势"地位,行人、骑车人、小型机动车等其他交通参与者相对而言处于"弱势"地位。如果道路运输车辆与其他交通参与者发生交通事故,势必会威胁其他交通参与者的生命财产安全。因此,驾驶员应在行车过程中注意礼让这些"弱势"交通参与者,以避免发生事故造成其生命财产损失。

运输车辆在起步前,驾驶员应绕行车辆,查看四周有无行人,尤其是孩子。

车辆进出站或行驶到路口等人流较多的场所时,也应特别注意避让行人。

运输车辆因车身硕大,驾驶员存在视觉盲区(图2-5)。同时,由于在转弯过程中,车辆前后轮的运行轨迹不重合会产生"内轮差"(图2-6),造成车辆通过时车身容易碰撞行人。因此驾驶员在倒车、转弯的时候,要特别注意观察盲区内的行人、机动车,小心减速驾驶。

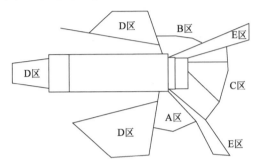

图2-5 货车盲区俯视示意图①

注:其中A、B、C区为半盲区,范围由车辆大小决定;D、E区为全盲区,D区处于驾驶员直接视线范围以及三块后视镜的视线范围外;E区是因挡风玻璃左右的"A柱"挡住视线而形成的盲区

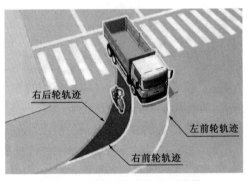

图2-6 运输车辆"内轮差"示意图

案例 2-12 盲点和"内轮差"酿车祸

一辆货车在通过十字路口转向时,后轮带倒并碾压了旁边一位骑自行车的行人。但是,发生了这样的事故,肇事货车驾驶员自己竟然毫不知情。当交警找到他的时候,他一脸惊讶,怀疑交警找错了对象,反问:"你们怎么会怀疑是我开车撞人呢?"直到看了监控录像,他才知道自己闯了大祸,并且觉得非常懊悔。电动车、自行车和行人体积小,再加上视觉盲区的原因,驾驶员很可能根本没有看见他们。因为"内轮差"在无意间酿成事故,是谁都不愿意看到的结果。所

---

① 武宏姗,肖长桢,卢毅,等.机动车辅助驾驶系统[J].内燃机与配件,2018(13).

以,驾驶员一定要留心观察、小心驾驶,避免因为类似的原因发生悲剧。

运输车辆尤其是货车的远光灯比较刺眼,在会车时,容易使对面方向来车的驾驶者炫目而看不清前方的道路交通情况。许多驾驶员在夜间行车时完全不考虑对向驾驶者的感受,这是极不文明的行为。一些驾驶员甚至认为是否关闭远光灯没有影响。事实上,违规使用远光灯会造成对方车辆驾驶员和行人的视觉出现"瞬间致盲",存在极大的安全隐患,因远光灯引发的交通事故屡见不鲜。2015年3月,北京某交叉路口,两辆对向行驶的大货车同时开启远光灯"对晃"。其中,一辆重型货车撞倒了一位正在人行横道上过马路的行人,导致行人死亡。2017年9月,宜宾某货车驾驶员因使用远光灯,导致对向的面包车驾驶员产生视觉障碍,使面包车与一名行人相撞,导致行人死亡。

这些事故是由违法使用远光灯的一方造成的,使用远光灯的驾驶员需要为事故负全部责任。因此,为避免其他交通参与者的生命财产损失,夜间会车时,驾驶员应文明礼貌驾驶,在距对向来车150m处提前改用近光灯。

6. 发生事故积极抢救

发生交通事故后,驾驶员最重要的职责是第一时间组织疏散、救援,防止人员进一步伤亡。驾驶员首先应当迅速将车辆停到安全地带。如遇客运车辆起火等危急情况,驾驶员的职责是第一时间指导乘客逃生,不可只顾自行逃生。

在离开车辆后,驾驶员应将现场人员疏散到安全地带,开启危险报警闪光灯,并在来车方向放置警告标志,防止发生二次伤害。

案例2-13 未疏散人员,失事客车遭遇二次事故

一辆大型客车行驶至某高速公路时,发生侧翻,3名乘客被甩出车后当场死亡。其他乘客从出事客车内爬出后,开始施救困在车厢内的其他乘客。此时,另一辆客车行至该处,由于制动不及,撞上施救乘客及其他刚从出事客车中脱困的乘客,又造成了4人当场死亡,10余人受伤。

案例2-13是典型的二次伤害事故,可见驾驶员掌握正确的事故现场处理方式十分重要。

在确保安全后,驾驶员应当按照"先救人,后救物"的原则,采取正确措施尽快抢救受伤人员。当伤员伤情较重、急需救助时,应向过往车辆求助,送至最近的医院抢救,或立即拨打120,等待医疗救护。不能置伤者于不顾,甚至驾车或者弃车逃跑,延误伤者的抢救时机。

驾驶员在道路运输过程中遇到突发性的伤病员,如交通事故中的伤员、急需救助的病人和孕妇、或路边挥手要求搭车抢救的其他病人等,也应该给予力所能及的救助。

案例 2-14 撞人后逃逸,民事责任变刑事责任[①]

某教练员在送学员赶考的途中,不慎将一名八旬老人撞倒。撞人后,这名教练员没有报警也没有施救,而是和学员一起将受伤老人抬到路边,然后两人一起上车离开了事故现场。之后,经过的路人报警并叫来救护车将老人送往医院救治。经检查,老人的臀部、腹部严重受伤,盆腔粉碎性骨折,医院下达了病危通知书。肇事教练在被抓获后说,因为要赶时间送学员去考场,他当时没有报警也没有叫救护车,而是准备直接将学员送到考场后才返回来,因怕老人遭到碾压,故将其抬至路边。撞人后置伤员于不顾是十分恶劣的不道德行为。事故发生后,对伤员进行施救显然比其他任务更加重要。从法律后果上看,如果该教练撞人后能积极施救,仅需要承担民事赔偿责任,但是肇事逃逸却还要负上很重的刑事责任。

第三节 防范工程质量风险

1. 公众安全健康的首要性

"工程师应坚持把公众的安全、健康和福利放在首要位置"是当前许多工程社团伦理的第一原则[②]。

在工程建设发展的早期,大多数的工程建设者并没有把公众的安全、健康和福利作为决策的首要考虑因素。他们单纯追求工程效益的最大化,完全不考虑工程可能对社会及公众产生的负面影响。在这一时期,对于工程师的职业伦理要求大多只强调维护雇主的利益、对雇主忠诚。相应地,当时的职业伦理规范也只是将工程师的伦理定位为"公司忠实的代理人或受托人"。

然而,随着工程对公众利益的影响日益凸显,工程师按照"忠实于雇主利益"的原则奉命行事的价值观受到了公众和学者的强烈批判。主要的争议集中在以"忠诚"为首要原则可能导致的各种人道方面的问题。这些批判和争论逐渐推动原有的工程职业伦理观念发生转变。与此同时,各国的工程职业社团也开始重新审视工程领域内存在的伦理问题,对工程伦理准则做出了修改。

1947 年,美国工程师专业发展委员会(今工程和技术认证委员会的前身)起草了第一个跨学科的工程伦理准则,要求工程师"对公共福利感兴趣"。之

---

① 裴金红. 教练车撞倒老太后逃逸 一念之差民事责任变刑责[N]. 天天商报,2015-5-9.
② 《美国交通工程师协会伦理章程》第一章第 1 条、《美国土木工程师协会伦理章程》基本原则第 1 条等,详见附录。

后,在对该准则进行的两次修订中,委员会又继续强化这一要求,将其修改为至今影响广泛的工程伦理第一原则,即"工程师应当将公众的安全、健康和福利放在至高无上的地位"。①

工程师的从业活动首要考虑是公众的安全和福祉,要优先关注工程活动对于人的身体、精神、生活质量可能造成的影响和危害。工程师应当尊重生命,尊重每个人平等的生存权利,避免给他人造成任何不公正的伤害。"以人为本"这一点,与伦理学将尊重人的生命原则放在第一位、强调生命价值原则具有高于其他原则的优先性,是互相呼应的。因而,安全规范也是对工程师最基本的道德要求,是所有工程技术伦理的根本依据。② 它要求工程师应当尊重、维护或至少不伤害公众的健康和生命。因此,工程师在从业中不仅要考虑技术上是否可行、经济上是否合理等问题,更要考虑施工场所是否安全、工程项目是否存在安全缺陷、是否会给公众造成伤害等问题。工程师应当遵守安全规范,在进行工程项目论证、设计、施工、管理和维护中关心人本身,充分考虑产品安全可靠、对公众无害,保证工程项目的建设能够造福于公众。

除了严格遵守安全规范和标准、避免工程质量问题外,工程师还应当具有一种以专业知识为基础的道德敏感性,能够对工程活动中隐含的危及公共安全、给社会和公众带来生命和健康威胁的风险提出警示,并且预防性地制止工程隐患,从而最大程度上避免导致公众利益受损的事故发生。

2. 降低人为的工程质量风险

工程天然伴随着风险。工程风险涉及人的身体状况和经济利益,不仅会使人们遭受人身伤害,还会使人们遭受经济利益的损失。③ 风险的因素可能来源于技术或外部环境的不确定因素,也可能根源于人的道德感和责任感的缺乏。有时,尽管人们本身没有通过工程恶意伤人的动机,但不当的逐利方式、片面的观念、短视、渎职和懈怠等原因却能够导致工程事故,并使得人为原因成为工程风险的主要因素。

现代交通建设工程规模庞大、持续时间长、流程复杂、参与方多、涉及面广,需要工程共同体共同组织和实施。一方面,造成风险的责任行为与结果的关联性并不直接,增加了隐蔽的短视和渎职行为出现的概率(在这个问题上,工程师需要"认识到一般公众的生命、安全、健康和福祉取决于融入到建筑物、机器、产

---

① 李世新. 工程伦理学概论[M]. 中国社会科学出版社,2008:69.
② 秦红岭. 试论土木工程师的职业伦理[J]. 北京建筑工程学院学报,2006,22(s1):41-44.
③ 李正风,丛杭青,王前. 工程伦理[M]. 清华大学出版社,2016:40

品、程序和设备里的工程判断、决策和实践"[1]）。另一方面，也意味着交通工程的职业伦理事实上是工程共同体伦理责任的集体实现。因此，不同工程建设阶段的参与者，无论是投资者、决策者、管理者、监督者、工程师还是工人，都应该更加注意自己职业行为的影响，避免因人为因素产生事故隐患。

  为了保证工程质量，一项基础的前提是建设的投入应当至少达到合理的水平。导致投入低于成本可能有各方面原因，其中一点可能来源于建设市场中普遍存在的恶性竞争。在招投标中，一些单位为了能够中标，盲目压价、恶性竞争，报价甚至低到了不可盈利的程度。而在中标后，为了节约成本、避免亏损、挽回投标报价低带来的损失，采取偷工减料的方式降低开支：不仅采用的建筑材料、构配件和设备质量低劣，而且为了节约人力成本不合理地配备人员，导致人员数量不足、能力不足、工作量压缩，这些都使得工程质量和施工安全难以得到保证。保障安全是不可突破的道德底线，一位有良好道德的工程建设参与者应当持有正确的利益观，避免主导或参与到这些严重影响工程质量的恶性竞争中。

  其次，工程也应当有一个合理的工期。不合理的工期要求容易出现"多边工程"，导致勘察深度不够、设计不成熟，甚至先施工后设计，造成工程质量低下，需要修复和返工。压缩施工时间也时常导致施工准备不充分、方案论证比选不充分、设备性能缺陷等，使工程质量打折扣。尤其严重的抢工期会导致施工违背客观规律，如施工工序间隔的压缩，可能会直接造成安全事故。2007年，凤凰县堤溪沱江大桥垮塌的原因之一就是为了"工程献礼"而缩短工期，在主拱圈未完全达到设计强度时即进行落架施工作业，造成砌体缺乏最低要求的养护期；在砌体的整体性和强度降低、拱圈提前承受拱上荷载的情况下，主拱圈达到破坏极限而坍塌。违背规律、盲目"大干快上"有可能造成极大的安全隐患。在工期问题上，起决定作用的建设方人员应该树立正确的观念，工期的确定起码应满足工程质量安全的要求。而熟悉工程建设的工程师也应当以生命安全和公众福祉为底线，当发现工期压缩可能带来较大风险时，工程师有权利和义务劝阻或拒绝不合理的工期要求，保证工程施工遵循客观规律。

  另外，一项质量合格的工程还需要参与建设的各方都将安全置于优先考虑的地位，按照标准建设程序各司其职、各负其责地参与建设。建设方应按设计文件和合同的要求采购建筑材料、建筑构配件和设备。设计从业者的设计深度应当满足施工要求，设计应合理且符合规范，并进行好技术交底。施工从业者应遵循客观规律，按照工程设计图纸和施工技术标准施工。监理从业者应对工

---

[1] 《美国土木工程师协会伦理章程》实践指南第1a条，详见附录。

程实施有效监理,对原材料质量、关键环节、关键工序进行质量控制。试验检测从业者应当依据试验检测标准和合同约定进行取样、试验和检测,提供真实、完整的试验检测数据、资料。

工程建设的各方人员应避免在履行职责的过程中玩忽职守、滥用职权以及徇私舞弊,不可有任何因个人原因而降低工程质量的行为。具体来说:

(1)建设方人员不可迫使承包方以低于成本的价格竞标;不可迫使设计或施工单位违反工程建设强制性标准,降低建设工程质量;不可迫使施工单位使用不合格的建筑材料、建筑构配件和设备;不可强迫监理单位弄虚作假。

(2)设计从业者不可违背质量标准进行设计;不可因渎职和不负责任导致重大设计问题。

(3)施工从业者不可擅自修改工程设计;不可偷工减料,使用不合格的建筑材料、构配件和设备。

(4)监理从业者不可与他人相互串通,弄虚作假,降低工程质量;不可将不合格的建设工程、建筑材料、建筑构配件和设备按照合格签字。

(5)试验检测从业者不可伪造或篡改数据、资料,出具虚假检测报告。

工程风险一旦发生并转化成现实,会造成财产损失、人员伤亡、工程停滞、建造物毁坏、企业蒙受重创等严重后果[①],相关责任人员也将面临刑事处罚。《中华人民共和国刑法》第一百三十七条规定:"建设单位、设计单位、施工单位、工程监理单位违反国家规定,降低工程质量标准,造成重大安全事故的,对直接责任人员处五年以下有期徒刑或者拘役,并处罚金;后果特别严重的,处五年以上十年以下有期徒刑,并处罚金。"工程重大安全事故罪客观表现为违反国家规定,降低工程质量标准,造成重大安全事故的行为,在主观方面表现为出于疏忽大意或过于自信的过失。如果责任人出现以下违反国家规定的情形:(1)应当预见到可能发生的严重后果,但因疏忽大意而没有预见;(2)已经预见到会发生某种严重后果,却轻信能够避免,以致发生了严重后果,则都将被认定为工程重大安全事故罪。

案例 2-15 湖南凤凰县堤溪沱江大桥坍塌事故[②③]

2007 年 8 月 13 日,湖南省凤凰县堤溪沱江大桥在施工过程中发生坍塌事故(图 2-7),造成 64 人死亡、4 人重伤、18 人轻伤,直接经济损失 3974.7 万元。

---

① 徐长山,张耕宁.工程风险及其防范[J].自然辩证法研究,2012(1):57-62.
② 国家安全监管总局监管二司.凤凰大桥坍塌原因详解[J].劳动保护,2008(3):24-26.
③ 中国网. 国家安监总局:五起特重大生产安全事故基本情况[EB/OL]. http://www.china.com.cn/policy/txt/2008-01/22/content_9566342.htm. 2008-1-22.

堤溪沱江大桥桥型为4孔65m跨径等截面悬链线空腹式无铰拱桥,为连拱石桥。此桥型对工程材料、施工工艺的要求很高,砌筑人员必须具备熟练的技术和丰富的经验。

图2-7 堤溪沱江大桥坍塌事故现场[①]

该工程于2007年4月底完成主拱圈支架的搭设。5月,施工单位开始连续砌筑大桥主拱圈及横墙、腹拱等拱上建筑。7月,开始拆卸主拱圈支架。事故发生时,大桥腹拱圈、侧墙的砌筑及拱上填料已基本完工,拆架工作接近尾声,计划于2007年8月底完成大桥建设所有工程,9月20日竣工通车,为湘西自治州50周年庆典献礼。

导致大桥坍塌的直接原因是:主拱圈砌筑材料未达到规范和设计要求,拱桥上部构造施工工序不合理,主拱圈砌筑质量差,拱圈砌体的整体性和强度降低。随着拱上施工荷载的不断增加,造成1号孔主拱圈最薄弱部位强度达到破坏极限而坍塌,受连拱效应影响,整个大桥迅速坍塌,如图2-8所示。

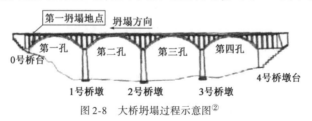

图2-8 大桥坍塌过程示意图[②]

---

① 新华社记者 赵志众/图。
② 国家安全监管总局监管二司.凤凰大桥坍塌原因详解[J].劳动保护,2008(3):24-26.

表2-3 展示了大桥坍塌事故的人为原因。

堤溪沱江大桥坍塌事故的人为原因　　　　　　　　表2-3

人　物	问　题	违反的职业伦理
建设方负责人	擅自要求施工单位变更原主拱圈设计施工方案,盲目倒排工期赶进度;越权指挥,要求监理不要上桥检查	尊重生命(将公众的安全、健康和福祉置于首位)
施工方负责人	擅自变更原主拱圈施工方案,违规乱用料石,主拱圈施工不符合规范要求	尊重生命(将公众的安全、健康和福祉置于首位);责任(以负责任的方式履行职业义务)
监理方负责人	1. 对施工单位擅自变更原主拱圈施工方案未予以制止,未能真正履行工程监理职责。在主拱圈砌筑完成但拱圈强度尚未测出的情况下即签字验收合格; 2. 派驻到现场的监理人员不足,且半数监理人员不具备执业资格	尊重生命(将公众的安全、健康和福祉置于首位);责任(以负责任的方式履行职业义务);胜任力(从业应具备基本胜任能力)
勘察设计方负责人	违规将地质勘察项目分包给个人,导致设计深度达不到要求、设计交底不到位	责任(以负责任的方式履行职业义务);胜任力(从业应具备基本胜任能力)
有关主管部门和监管部门人员	未认真履行职责,疏于监督管理,没有及时发现和解决工程建设中存在的质量和安全隐患问题	责任(以负责任的方式履行职业义务)

案例2-16　重庆綦江彩虹桥坍塌事故①

1991年1月4日,竣工不足3年的重庆綦江县彩虹桥突然整体垮塌,造成了严重的伤亡事故。这起事故中,40人遇难、14人受伤,直接经济损失达628万元。经调查,造成这次彩虹桥垮塌的直接原因是一系列技术问题——吊杆锁锚问题、主拱钢管焊接问题及钢管混凝土问题等。

导致这些技术问题的原因是管理缺位。彩虹桥是一个"六无工程":(1)未办理立项及计划审批手续;(2)未办理规划、国土手续;(3)未进行设计审查,私人设计,非法出图;(4)未进行施工招投标,承包主体不合法;(5)未办理建筑施

---

① 李正风,丛杭青,王前.工程伦理[M].北京:清华大学出版社,2016:154-155.

工许可手续;(6)未进行工程竣工验收。

　　管理问题的深层原因是职业伦理问题。一场工程悲剧的发生,伴随的是工程相关人员的职业伦理集体丧失。

　　表2-4展示了彩虹桥建设中主要参与方的伦理问题。

重庆綦江彩虹桥建设中主要参与方的伦理问题　　　　表2-4

人物	问题描述	违反的职业伦理
建委主任(业主代表)	收受施工方贿赂累计11万元;追加工程款118万元	公平(应公平、公正地对待所有供应商和承包商); 正直(不可以进行贿赂、欺诈和腐败等行为)
设计院设计室主任	以乙级设计公司的名义签订设计施工一体化的总承包合同,不具备彩虹桥工程的设计资质和施工能力;将设计工作分包给私人完成	胜任力(仅在能力胜任的范围内提供服务)
施工方负责人	1.向建委主任行贿	公平(应在自己工作质量的基础上确立自己的职业声誉,不与他人进行不公平的竞争); 正直(不可以进行贿赂、欺诈和腐败等行为)
施工方负责人	2.缺乏桥梁建设经验,却承包了桥梁施工	胜任力(从业应具备基本胜任能力)
施工方负责人	3.使用劣质材料、设备	尊重生命(将公众的安全、健康和福祉置于首位); 责任(以负责任的方式履行职业义务)
工程技术总负责人	1.工程技术总负责人是一位退休工程师,工程建设中擅离职守	责任(以负责任的方式履行职业义务)
工程技术总负责人	2.任用朋友的儿子组织施工任务	公平(公平对待所有利益相关方,避免产生利益冲突); 胜任力(从业应具备基本胜任能力)
设计总负责人	设计中采用了存在风险的新工艺和非标构件,但设计总负责人未有效地施加设计控制	尊重生命(将公众的安全、健康和福祉置于首位); 责任(以负责任的方式履行职业义务)
主管城建的副县长	监管不到位	责任(以负责任的方式履行职业义务)
质监站站长	未能阻止桥梁未经验收即投入使用	

第四节　杜绝从业中的其他安全事故

1. 危险货物运输从业人员：保证作业规范

危险化学品（以下简称"危化品"）的仓库、运输车辆和船舶是重大危险源。危化品运输事故不同于一般运输事故，往往会衍生出燃烧、爆炸、泄漏等更严重的后果，造成人员伤亡、环境污染等问题。统计数据显示，危化品事故致死率为33%，比普通事故致死率高12.5%。因为工作环境的危险性和特殊性，危险货物运输从业人员需要具有极高的安全意识，要严格遵守法律、标准和规范的要求作业，以保证他人和自身的安全。

危险货物运输从业人员应熟悉《中华人民共和国安全生产法》《危险化学品安全管理条例》《道路危险货物运输管理规定》《港口危险货物安全管理规定》等有关安全生产的法规、技术标准和安全生产规章制度、安全操作规程，了解所装运危险货物的性质、危害特性、包装物或者容器的使用要求、运输作业和装卸作业要求，以及发生意外事故时的处置措施。

1）危险货物装卸

危险货物装卸，应当根据危险货物的性质，轻装轻卸，堆码整齐，防止混杂、撒漏、破损。危险货物不得与普通货物混合堆放。

2）危险货物道路运输

进行危险货物道路运输，每次装运货物前要检验货物是否为国家准许运输的货物，是否符合本车核准承运的品种类（项）别，如不符合，应拒绝运输并向相关部门举报。要严格执行现行《危险货物道路运输规则》进行装载作业，装载货物不得超过专用车辆核定载质量，并且不得超出车辆允许充装量的范围。装货结束后，应当确保罐式车辆罐体、可移动罐柜、罐箱所有的关闭装置处于关闭状态。

运输过程中，驾驶员要严格遵守道路交通安全法律法规的规定，不酒后驾车，不疲劳驾驶，不搭载无关人员。运输车辆在高速公路上应当靠右侧车道行驶，且行驶速度不高于80km/h；在其他道路上行驶不高于60km/h。途中短时停车休息的，要避免与其他车辆混合停放，并做好车辆监护。因住宿或者其他情形需要较长时间停车的，应当在专门的停车场地或者在远离加油站、人员密集区域及河流湖泊等环境敏感点的区域停放，并采取相应的安全防范措施。运输剧毒化学品、民用爆炸物品、烟花爆竹和放射性物品的，要按照指定的路线、时间行驶。

运输危险货物的车辆中途发生事故的,驾驶员、押运员应当立即采取相应的警示措施和安全措施,并向事故发生地公安机关及所属企业报告,说明清楚事故情况、危险货物品名、危害和应急措施。发生危险货物泄漏、燃爆等情形的,驾驶员、押运员应当提醒周围人群撤离现场,设立警示标志,协助救援力量紧急排险。

案例 2-17 淮安"3·29"液氯泄漏事故[①]

2005 年 3 月 29 日,一辆装运 40.44t 液氯(核载 15t)罐式半挂货车在京沪高速公路淮安段上,因左前轮突然爆胎,方向失控撞毁中央护栏,冲入对向车道并发生侧翻,与对向驶来的半挂车碰撞,造成液氯槽罐顶部阀门脱落,大量液氯泄漏。事故造成周边村镇 29 人中毒死亡,456 人中毒住院治疗,1867 人门诊留治,1 万多人紧急疏散。事故还导致数千头(只)家畜、家禽死亡,2 万多亩农作物绝收或受损(图 2-9)。

图 2-9　液氯泄露导致事故现场附近的农作物枯死[②]

肇事的液氯重型罐式半挂货车严重超载(图 2-10),核定 15t,事发时实际运载液氯多达 40.44t,超载 169.6%。车辆违规使用报废轮胎,导致左前轮爆胎,在行驶的过程中车辆侧翻,致使液氯泄漏。肇事车驾驶员、押运员在事故发生后逃离了现场,在向交管部门打电话报告事故时未提到车内装有危化品,导致错失最佳救援时机,直接导致大规模人员严重伤亡的后果。该车押运员缺乏从业资格,没有参加过相关的培训和考核,不具备押运危化品的资质,也不具备危化品运输知识和相应的应急处置能力。

---

① 翟景耀. 京沪高速淮安段液氯泄漏事故性质及责任认定[N]. 新华社,2005-4-12.
② 京沪高速公路淮安段液氯泄漏事故现场(组图)[N]. 新华社,2005-3-31.

图 2-10　肇事的液氯罐车被吊起①

案例 2-18　荣乌高速公路烟台莱州段"1·16"重大道路交通事故②③

2015 年 1 月 16 日，荣乌高速公路山东莱州段的一座大桥上发生了四车追尾事故，其中有一辆油罐车和一辆大客车，油罐车发生爆燃，造成 12 人死亡，6 人受伤。

事故发生时，路面因为雪天有些结冰。先是一辆面包车因侧滑失控停下。其次是一辆重型油罐车，为了避让面包车，紧急制动而发生侧滑，和面包车相撞后停下。接着是一辆载有 14 人的大巴车也因紧急制动侧滑失控，与油罐车相撞，导致油罐车后下部防护装置及卸料管损坏，所载汽油发生了泄漏。油罐车驾驶员下车手工操作关闭罐体紧急切断阀，此时，一辆越野车从后方驶来，与大巴车相撞。撞击产生的火花点燃了汽油蒸汽，事故现场顿时化为一片火海，大巴车上来不及下车的乘客瞬间被大火吞噬。

根据调查报告，造成"1·16 事故"伤亡惨重的主要原因是油罐车押运员在车辆上路行驶前没有关闭紧急切断阀，违反了紧急切断阀操作规程，导致发生追尾碰撞事故后大量汽油泄漏，汽油在被点燃后产生爆燃的严重后果。

2.安全生产管理人员：保证施工安全

交通工程建设施工过程中，可能因各种因素发生生产安全事故，如：高空坠物、反弹物导致的物体打击事故，未进行安全防护导致的高处坠落事故，电线破口、设备漏电导致的触电事故，机械失灵、违规操作导致的机械伤害事故，脚手架、

---

①　韩瑜庆.清除事故现场污染源工作基本结束[N].新华社,2005-4-1.
②　荣乌高速 1·16 交通事故现场还原 油罐车超载违规上路[N].齐鲁网,2015-2-4.
③　荣乌高速烟台莱州段"1·16"重大道路交通事故责任调查组.荣乌高速烟台莱州段"1·16"重大道路交通事故责任调查报告[R/OL]. http://www.sdaj.gov.cn/index.php? s=/Article/detail/column/336/articleid/15270.html.2015-6-8.

井架、支撑架或堆置物坍塌导致的坍塌伤害事故,施工使用爆炸物导致的爆炸伤害事故,漏电、电焊火花、烟头等导致的火灾事故,落水、洪涝导致的溺水事故,降雨天气导致的滑坡、雷击事故,高温作业导致的中暑或寒冷天气下的冻伤等。

项目负责人、施工负责人和安全生产管理人员对工程的安全目标和劳动保护负责。本着尊重生命的伦理原则,施工管理应当不遗余力地将安全预防措施做足,建立起安全的施工环境,消除不该发生的人员伤亡事故。要实现这一点,首先要将施工人员的人身安全价值置于工程效益和进度之上。进行工程管理决策时,将安全防护所必须投入的人力、物力和财力资源纳入重要考虑之中。

其次,应在施工前,根据工程实际情况,对影响施工安全的所有因素进行全面的分析,制订合理的安全管理方案。应做好对施工人员的安全教育和技术培训工作,保证作业人员具备了必要的安全意识和自我保护能力。

应采购质量合格的施工设备和防护有效的安全防护用品,淘汰陈旧、存在隐患的施工设备。定期对施工设备进行养护,并对施工设备和安全防护用品进行抽检,以确保设施设备功能完整、运行良好,防护用品数量充足、安全可靠。应对施工中所用到的雷管、炸药等火工用品进行系统的管理,入库出库都应有记录,定期对库存的各种火工用品进行安全检查,对每次施工作业爆破工作所需的炸药用量和雷管数要进行严格的控制。

安全生产管理人员应尽职尽责地对施工现场进行管理,科学划分施工现场,并设立好隔离装置、安全标志、警示标志等。在行人和运输繁忙的路段,应安排专人指挥交通。夜间施工应提供足够的照明。要重视施工现场用电布设,场内架设电线应符合安全规定、绝缘良好,各种电气设备金属外壳应做接零或接地保护。应对施工现场的脚手架等各类附着物、悬挂物的拉结点、紧固点、龙门架、塔吊、施工升降机、门吊锚固及限位装置,围墙围挡、基坑沟槽支护状况进行定期安全检查,及时发现存在的各类隐患并进行整改。在施工作业时,要督促施工人员佩戴好安全防护用品并进行充分的检查。

要进行合理的施工组织和有序的现场调度指挥。所用的施工机械操作人员必须经过必要的培训以确保其已经掌握了相应的技能。每次使用机械设备之前,应进行检查以确保机械设备的安全性能完好。应做好技术交底,让操作人员提前熟悉作业环境和施工条件,并按操作规程操作机械。

在特殊季节,安全生产管理人员应更加注意施工现场的安全管理工作。应密切关注天气变化,合理安排施工进度和计划。在大风、强降雨、浪潮等恶劣天气或当有关部门发出自然灾害预警时,要及时停止施工,并根据情况安排施工人员撤离施工现场。复工之前,应让专业电气技术人员对电气设备、线路进行认真检查,确认无安全隐患后,方可开工作业。高温季节施工,应按劳动保护规定做好防暑降温,搭设凉棚并准备防暑药品等。

在做足各类安全防护后,依然有可能会发生意想不到的事故。因此,安全生产管理人员还应提前做好突发事故的应急预案,以便发生突发事故时能够及时采取合理的救助措施,将事故后果降低到最低的程度。

我国《建设工程安全生产管理条例》对施工企业的安全管理作出了详细的规定:

(1)施工单位主要负责人依法对本单位的安全生产工作全面负责。施工单位应当建立健全安全生产责任制度和安全生产教育培训制度,制定安全生产规章制度和操作规程,保证本单位安全生产条件所需资金的投入,对所承担的建设工程进行定期和专项安全检查,并做好安全检查记录。

(2)专职安全生产管理人员负责对安全生产进行现场监督检查。发现安全事故隐患,应当及时向项目负责人和安全生产管理机构报告;对违章指挥、违章操作的,应当立即制止。

(3)施工单位应确定消防安全责任人,制定用火、用电、使用易燃易爆材料等各项消防安全管理制度和操作规程,设置消防通道、消防水源,配备消防设施和灭火器材,并在施工现场入口处设置明显标志。

(4)垂直运输机械作业人员、安装拆卸工、爆破作业人员、起重信号工、登高架设作业人员等特种作业人员,必须按照国家有关规定经过专门的安全作业培训,并取得特种作业操作资格证书后,方可上岗作业。

(5)作业人员进入新的岗位或者新的施工现场前,应当接受安全生产教育培训。未经教育培训或者教育培训考核不合格的人员,不得上岗作业。施工单位在采用新技术、新工艺、新设备、新材料时,应当对作业人员进行相应的安全生产教育培训。

(6)施工单位应当在施工现场入口处、施工起重机械、临时用电设施、脚手架、出入通道口、楼梯口、电梯井口、孔洞口、桥梁口、隧道口、基坑边沿、爆破物及有害危险气体和液体存放处等危险部位,设置明显的安全警示标志。安全警示标志必须符合国家标准。

(7)施工单位应当向作业人员提供安全防护用具和安全防护服装,并书面告知作业人员危险岗位的操作规程和违章操作的危害。施工单位采购、租赁的安全防护用具、机械设备、施工机具及配件,应当具有生产(制造)许可证、产品合格证,并在进入施工现场前进行查验。施工现场的安全防护用具、机械设备、施工机具及配件必须由专人管理,定期进行检查、维修和保养,建立相应的资料档案,并按照国家有关规定及时报废。

（8）施工单位在使用施工起重机械和整体提升脚手架、模板等自升式架设设施前，应当组织有关单位进行验收，也可以委托具有相应资质的检验检测机构进行验收；使用承租的机械设备和施工机具及配件的，由施工总承包单位、分包单位、出租单位和安装单位共同进行验收。验收合格的方可使用。

（9）施工单位应当根据不同施工阶段和周围环境及季节、气候的变化，在施工现场采取相应的安全施工措施。

（10）施工单位应当制订本单位生产安全事故应急救援预案，建立应急救援组织或者配备应急救援人员，配备必要的应急救援器材、设备，并定期组织演练。

3. 教练员：保证学员安全

机动车驾驶培训教练员在教学培训中要时刻保障学员的安全。在训练前，要主动将禁止的危险行为告知学员，比如不允许酒后、穿拖鞋或高跟鞋、私自驾车训练；休息时不在训练区逗留等。如果学员执意要做这些行为，应当及时阻止，不应因害怕遭到投诉而对其放任不管。

在教学过程中，应保证学员的行为完全处于自己的掌控范围内。学员在尚未通过考试检验、证明其具备获得驾驶执照的水平时，应该被视为未全面掌握驾驶技能。尚在学习过程中的学员，不完全具备操控车辆的能力。作为学员驾驶学习的责任人，由学员驾驶车辆时，教练员都应该在副驾驶座上指导，并时刻关注学员开车的情况。在危险的情况发生时，要能够及时使用副驾驶装置进行干预。我国《道路交通安全法实施条例》规定："在道路上学习机动车驾驶技能应当使用教练车，在教练员随车指导下进行，与教学无关的人员不得乘坐教练车。"

案例2-19 因教练不在车上，学员练车发生事故①

2013年6月，某驾校一名学员在练车时，错将油门当作刹车踩下，撞上另一名正在等待练车的学员，导致后者送医院后因伤势严重不治身亡。事发时，教练员因为觉得天气闷热，学员车速较慢，所以站在车外指导学员。法院认为，教练员当时未按规定坐在教练车上，应当为事故负全部责任。法院最终以交通肇事罪判处该教练员有期徒刑9个月。

上述案例展示了教练员工作的常见误区：因为学员在场地内练车时车速较慢、教练车已拔掉油门线，就低估了发生风险的可能性。然而，一旦危急情况出

---

① 胡彦珣.驾校学员错踩油门撞死人 事发时教练不在车内[N].新民网，2013-6-4.

现，就会因为教练员不在车上、无法干预而导致危险。

为保证安全，教练员应当时刻保持对学员驾驶行为的控制：

（1）在教练车移动过程中，教练员必须在主驾驶座驾驶或者在副驾驶座指导；学员驾驶时，教练员不可在训练场地边观看或离开场地。

（2）教练员应在教学时保持意识清楚。不可在饮酒、熬夜、吸毒等影响精神状态的活动之后从事教学工作，不可在学员驾驶时睡觉。

（3）教练员应保证对学员驾驶、车辆运行和周围环境的专注。不可有使用手机等干扰注意的行为。

（4）教练员不可将教练车交给未取得驾驶证的学员独立驾驶。

案例2-20　饮酒教练让学员驾车，两人都被处罚[①]

某教练员在带几名学员练车后，因前一天晚上大量喝酒，不敢开车，便让其中一名学员驾车送他们回家，结果刚上路就遇到了交警检查。交警表示，教练员肩负培训学员的重任，不但在醉酒状态下带学员练车，还不顾车上人员安全，将车辆交给未取得驾驶证的学员驾驶，行为性质恶劣。最终，教练员被处罚款并吊销驾驶证，学员也因无证驾驶被处以罚款。

---

① 曲璐琳.天津一驾校教练喝大了 让学员"代驾"双双被罚[N].北方网,2017-5-17.

第三章

职业、社会和环境责任

第一节 责 任

1. 责任的三重含义

"责任"是一个多面的概念,它包含了至少三重含义:①

责任的第一重含义是"从业人员应当以一种对得起公众、客户、雇主、社会及环境的方式,使用专业知识和技能进行工作"的义务,即"负责任地行事"。这是一个积极的、预防性的责任概念,又被称为"义务-责任"。"义务-责任"体现在从业者的工作态度和工作方式之中,它来源于法律法规、技术标准、岗位职责、道德标准和公众期望等。

责任的第二重含义指可以将某个过错归咎于某人。当人们有意识地做出某事,使它存在或发生,并造成了负面的结果时,那么就必须对这件事负起道德上的责任,即"对行为承担责任"。这是一个消极的、回溯性的责任概念,又被称为"过失-责任"。"过失-责任"强调了从业行为和后果之间的因果联系。

责任的第三重含义是某个职位的角色义务。比如,我们会说一位工程师"负责"设计某项工程。在这一含义中,责任是积极和消极两方面概念的结合:从积极的方面来看,从事了某个职业或承担了某个岗位工作的人,有义务按照行业标准和规范,负责任地履行工作职责;从消极的方面来看,如果从业者没有负责任地履行义务,或者因为在履行义务时的过错造成了负面的结果,那么就应当承担相关责任。这一责任的概念又被称为"角色-责任"。

---

① 哈里斯,普理查德,雷宾斯,詹姆斯,英格尔哈特. 工程伦理:概念和案例(第五版)[M]. 丛杭青,沈琪,魏丽娜,等译. 浙江大学出版社,2018:49-51.

2. 不同责任在工程中的意义

1)工程共同体中"过失-责任"的划分

现代工程项目由于技术的复杂性、规模的宏大性,需要工程共同体共同组织和实施。工程共同体包括投资者、决策者、管理者、验收者、使用者等工程各个阶段的参与者。由于参与者构成复杂、人数众多,一旦工程事故发生,往往很难将责任归咎于某一工程师个人。这种情况下,通常需要整个工程共同体共同承担事故责任。

工程组织的庞大复杂性,使得单个工程师很少能从始至终对整个工程进行完整的控制,这也导致了工程项目的无主体性,增加了对单个工程师过失责任确定的难度。对于工程共同体中个体应承担的责任划分,应遵循"团体中的怠惰责任原则":团体中的每个成员为一个事故或伤害所承担的个体责任,取决于每个成员在防止该怠惰中能够起到的作用。[①]

2)"义务-责任"的要求:积极预防风险

"过失-责任"要求工程师必须遵循职业的操作程序标准和工程伦理章程,避免发生事故后被追责和处罚。然而,交通工程项目一旦发生事故,往往会造成重大的人员伤亡和经济财产损失。即使相关人员被追责,对于已经造成的伤害也于事无补。

工程的风险并不总是清晰可控的。过度强调消极的义务,有可能使工程师们忽略一些需要主动关切和预防才可能意识到的风险,如环境、生态破坏的风险,或是新技术应用的风险。如果工程师们在事故之后才开始反思,那就太迟了。

从"义务-责任"的角度看来,工程师有遵守他们职业的标准操作程序和规定的职业义务,以及完成雇佣合同所规定工作的基本责任。但是由于意料之外的问题总会出现,而标准的操作程序和现行的规章并不总是适用的,因此,职业伦理为工程师定了一个更加宽泛、普适的义务原则:即"在履行他们的职业责任时,应该将公众的安全、健康和福祉放在首位"。[①]这样避免了工程师们仅仅关注标准的操作程序和规定的情况。

"责任的存在意味着某个工程师被指定了一项特别的工作或者有责任去明确事物的特定情形带来什么后果,或是阻止什么不好的事情发生。"[②]各国的工程师职业伦理章程都强调工程师这种积极的、主动防御的责任。例如,美国土

[①] 哈里斯,普理查德,雷宾斯,詹姆斯,英格尔哈特.工程伦理:概念和案例(第五版)[M].丛杭青,沈琪,魏丽娜,等译.杭州:浙江大学出版社,2018.

[②] 李正风,丛杭青,王前.工程伦理[M].北京:清华大学出版社,2016:118.

木工程师协会(ASCE)的伦理守则提出:"工程师应认识到,一般公众的生命、安全、健康和福祉取决于融入建筑、机器、产品、工艺及设备中的工程判断、决策和实践"。作为专业人员,工程师比他人更能了解某一工程的基本原理及其存在的潜在风险。工程师的能力决定了他们在防范工程风险上有不可推卸的伦理责任。① 工程师必须关注安全问题,并对可能由工程及其活动引发的灾难进行防护性思考,评估与技术或行为相关的风险,为公众提供保护,在最大程度上避免潜在的、未来的、可能的工程风险对人的生命及财产的伤害。②

第二节 职业责任

1. 驾驶员的职业责任

驾驶员的职业责任是:按约定的时间和运输线路将乘客或货物运输到约定地点。

1)客运驾驶员

客运驾驶员有将乘客及时、安全地送达指定地点的责任。班车客运驾驶员应当按照固定路线、时间、站点、班次运行,不可改变行驶路线、站外上下客或中途甩客。如果因车辆维修、肇事、丢失或者交通堵塞等特殊原因导致不能按时到达的,应提前告知客运站经营者。包车客运应当准时到达约定的起始地点,并按商议的目的地和途经路线行驶。

客运驾驶员应保障乘客的乘车安全。客运驾驶员应提醒乘客注意乘车安全,讲解乘车注意事项,如系好安全带、不在过道内走动、不将头和手伸出窗外、看管好儿童防止产生意外等。在发车前,应确保行李物品都已安放好、乘客都已坐稳并系好了安全带。

案例3-1 客车驾驶员半路甩客,老人路边等候家人5个小时③

10月的一天下午,章先生的母亲乘坐从老家出发的长途客车返回省城。客车刚刚进入市区时,驾驶员就说市区太堵,不进站了,将整车乘客赶下车,让他们自行改换其他交通工具。章母当场表示:"你现在赶我下车,我儿子找不到我,我也不知道换什么车。"驾驶员回答说:"你只管跟大家走就是了。"车上还有

---

① 李正风,丛杭青,王前.工程伦理[M].北京:清华大学出版社,2016:51.
② 李正风,丛杭青,王前.工程伦理[M].北京:清华大学出版社,2016:121.
③ 郑周赟.南昌一客车司机半路撂下整车乘客 男子夜幕下疯狂寻母5小时[N].中国江西网,2017-10-7.

好多乘客提出,有好多行李,要到汽车站下车。这些要求都被驾驶员拒绝,并强行让乘客下车。

章母在被赶下车后,只好给儿子打电话:"我中途就被赶下车了,找不到路。"章先生立刻驱车往客车进市区的方向赶。在章先生前往途中,老人的手机因为没电自动关机了,章先生与母亲失去了联络。10月的夜晚寒气袭人,因为不知道母亲被甩客的具体位置,章先生在夜幕下苦寻了5个小时后才将母亲找到。"我母亲大半夜一个人蜷缩在路边,又冷又饿。看着她老人家这样受罪,真的太心疼了。"章先生说。

2)货运驾驶员

货运驾驶员有保障货物完好、及时送达约定目的地的责任。货运驾驶员应当采取必要措施,尽可能地保证货物品质和价值不受运输和装卸过程的影响。应根据货物的性质,选择相应的包装、加固和运输方式。例如,运输禽畜、生鲜等有防腐保鲜要求的货物,应当使用合适的装载和运输方式保证货物新鲜;振动易碎的物品应当使用减震包装和填充材料,搬运时应当小心轻放等。

2. 教练员的职业责任

驾驶教练员的职业责任是:让学员全面、正确地掌握安全驾驶车辆必要的知识和技能,使他们能够独立上路和应对各种路况,并且愿意以安全、文明的方式驾驶车辆。

1)教练员应按照教学大纲的要求,保证学员得到足量学时的培训

在教学大纲中,明确规定了每个阶段、每个教学项目学员应达到的最少学时。教练员应当遵守计时制的规定,保证学员在各个项目上的有效学习时间不少于最低学时的要求。目前,尽管各地运管部门对于保证学车学时的监管越来越严格,但教练员为了多带学员、少教学、节省油费等目的,通过刷学时设备上传虚假的学时数据、GPS数据、跑码数据,以及制作假档案的事件时有发生。

达到最低学时要求,是保证学员达到学习目标、保证安全驾驶的最基本条件。如果基本学时都无法保障,那么可以肯定学员的驾驶学习一定是不全面、不到位、不扎实的。无论是知识缺漏还是驾驶技能生疏,都可能造成交通事故。因此,保证学员得到足量学时的训练是教练员履行职责的最基本保障。即使是在学员愿意、甚至是主动要求缩短学时的情况下,教练员也绝对不能以任何形式克扣学时或进行学时造假。

2)教练员应当在工作时间认真从事教学工作,不可有玩忽职守的行为

教练员玩忽职守的表现包括在工作时间内不认真履职的各种行为,比如长

时间玩手机、接打电话、睡觉、在训练场外聊天、离开教学现场或在训练途中办私事;还包括消极怠工的行为,例如教练员虽然人在其位,但不讲解、不做示范,或是问一句答一句、不问就不讲。

玩忽职守的行为大部分体现了教练员"将自己的需求置于职责之上"的决策顺序。这种在工作期间不履行职责的自利行为,是对学员和驾校双方的不负责任,是不道德的。一方面,学员不仅无法获得保质保量的训练,达不到学习目标,还可能面临训练中的事故风险;另一方面,教练员没有为驾校支付的薪酬付出等额劳动,可能导致驾校因此失去口碑。

无论是否受到监控,在工作时不做与教学无关的事情,是教练员基本的义务。因此,教练员不可有以下行为:

(1)在教学中长时间使用手机等移动设备。如果有紧急事务需要联络,应向学员说明并将车辆停靠在安全的地方。

(2)在教学中睡觉。教练员应在下班后充分休息,以保证教学时的精神状态。

(3)在工作中办私事、与他人聊天、和学员闲谈与课程无关的内容。

(4)不讲不教,消极怠工。教练员应当专心对学员应知应会的内容进行教学和指导,做到知无不言,言无不尽。

3)教练员应该根据教学大纲的要求,合理安排教学内容和流程;通过使用有效的教学方法和策略,帮助学员达成学习目标

教练员应该理解、掌握和运用教学大纲,按照教学大纲规定的教学项目、内容、目标和学时要求组织教学。应当为每名学员安排合理的内容、时间,并按一套合理的流程组织实施培训教学,保证学员接受完整、系统的驾驶知识和技能培训。

教练员还应当注重教学方法和策略。应采用一些能够帮助学员更有效地学习的策略,例如:在每节课前,将本节课的教学内容和目标告知学员,并在课后对学员是否达到了目标给予反馈和建议。教练员在讲解驾驶操作时,不仅要教学员怎么做,更应该告诉学员为什么这样做,即帮助学员理解,使他们能将掌握的技能更好地应用到不同的情境中去。

此外,因学员之间存在个体差异,学习结果也会各不相同。因此,教练员应在教学中,为每位学员寻找适合他们的教学方法。教练员也应了解学员的需求,并尽量满足他们的合理要求。

4)教练员应当将驾驶知识和技能全面、正确地教授给学员

学员在驾校学习应达到的目标,是全面、正确地掌握与驾驶有关的道路法律法规、车辆结构知识、安全文明行车知识,以及应急处置方法、车辆操纵和驾驶技能。这也是教练员的培训工作应达到的最终目标。

案例 3-2　驾驶培训：不教开车教应试①

学员李女士说，她学车前了解到学开车一定要多练习，只有基本功练好了，将来上路才不会害怕。但她学车后发现，自己学了几次后，教练直接拿出一个本子，在上面画了几个图案，教了她几个口诀，让她照着背诵。更令她不理解的是，教练教她倒车时，让她观察车旁边的砖头，根据砖头的位置打方向盘，并称有了对比物，考试才更容易通过。教练的这种举措，令李女士很不理解，"学车不是应该靠练习吗？教练为啥让我像背课文一样？况且每次停车不一定都是计划好的环境，要都是看砖头倒车，那我车上难道还得天天装着两块砖头？停车时再把砖头拿出来，按照距离倒车？"

2010 年 6 月，《人民日报》评论版发表文章称："在所有的培训机构中，驾校是将'应试教育'演绎得最彻底的机构之一。但凡参加过驾校培训的人都知道，只要你进了驾校，驾校和你的目的只有一个，就是早日通过考试，拿到驾照。不少驾校教练不是想把你培训成一个掌握驾车伦理的人，而是把你培训成一个懂得驾驶、能够应付考试的'机器'。为此，他们的努力基本围绕着让你顺利过关而设计，为了让你过关，无所不用其极，比如教你一些'技巧'——而这些技巧实际上是不科学的，在日后的驾驶中如果按照这种技巧操作难免出事，但这种所谓的技巧对应付考试确实有用；教你如何和考官打交道，以博得考官手下留情……结果，你就是顺利拿到驾照了，车还是不会开，或者说不是合格的驾驶员，最多是通过驾校考试的合格学员。"②

这则评论反映了驾驶培训从业者诸多不负责任的工作方式中最为常见的一种。他们将按照标杆、地面划线等标记开车的一套应付考试项目的技巧教给学员，把"驾驶培训"生生简化成了"驾照考试通过培训"。有些驾校还省略了理论培训，让学员自己做题通过考试。在只接受了应试技巧培训的学员中，大多数人都没有掌握真正的驾驶技能。他们可能在实际场地上不会开车，或者在遇到极端天气、复杂的道路状况、紧急状况时不会处理。而最为糟糕的是，他们仍然能够依靠应试技巧顺利拿到驾照，这无疑会给道路交通安全带来隐患。

对于另一些教练员来说，虽然教的不是应试技巧，但很多时候也没有达到"将知识和技能全面、正确地教给学员"的要求。比如，他们不会向学员讲授机械常识、遇到危险的应急处置和急救知识、不同气象条件和道路状况的驾驶方法，有的甚至连使用雨刷器、车窗除雾等基础操作都不讲授，只因这些内容不会

---

① 李敏娜.青岛驾校黑幕调查 不少教练骂人是因为不想教[N].半岛都市报,2012-6-26.
② 王石川.警惕驾校沦为"马路杀手"的摇篮[N].人民日报,2010-6-11.

考到。在不负责任的教练员眼中的这些"不需要掌握的内容",就是学员日后独立上路安全隐患的根源。

案例 3-3 新手驾驶员撞倒行人,因教练没教过除车窗雾①

2018 年 1 月,某市公安接到报警,称一名行人被车辆撞倒在路上,肇事驾驶员已经逃逸。在把伤者送到医院之后,民警找到了事发现场的视频监控。监控画面显示,在事故发生前,肇事车辆先在事故发生地前十几米的地方停了几分钟,然后才开动。在调取该车的其他监控后,民警发现,这辆车当天在路上停过不止一次,驾驶员中途还下过车,只是为了一个目的——擦玻璃。

肇事驾驶员在被抓获后称,自己拿到驾照以后一直甚少开车,算是新手。事故发生时,因为车前挡风玻璃有雾气,所以她没有看清楚路况及行人。由于学车时教练并没有教过怎么处理这种情况,在路上她停车把玻璃里外都擦了擦,但是依然解决不了问题,最后硬着头皮继续开,结果发生了事故。由于太过害怕,肇事驾驶员没有下车查看,而是直接驾车离开了现场。

在案例 3-3 中,驾驶员就因为不会除雾导致事故,而撞人后逃逸还说明了驾驶员不熟悉事故后应有的处置方式。

让学员全面地掌握驾驶知识和驾驶技能,是驾驶教学培训的要求,是教练员的职责,也是学员购买培训服务的期望。只有全面、正确地培训,才能体现出教练员对学员和社会真正负责的态度。

5)教练员在培训中应当根据学员的表现给予他们有用的指导和反馈

学员掌握驾驶技能的速度和程度,一方面取决于学员自身的天赋和努力,另一方面也与教练员的讲解、示范、指导和反馈有关。在学习驾驶技能的过程中,如果没有教练员的讲解和指导,学员则难以发现自身存在的错误操作,难以察觉周边的潜在危险并应对各种紧急的情况。由于他们无法判断自己操作的好坏,在没有得到及时纠正的情况下,也会将错误的驾驶操作继续保持下去。

有三类教学方式是教练员应当避免的:第一种是在操作示范之后就任由学员自己练习,或在路训时只要不遇到危险就任由学员自己驾驶;第二种是只单纯对学员的错误进行批评,而不给予纠错指导;第三种是为了不得罪学员或避免投诉,在学员做错时不如实地指出。

3.工程师的职业责任

1)勘察、设计从业者

勘察、设计从业者必须按照工程建设强制性标准进行勘察、设计,严格执行工

---

① 溧阳台.新手司机雾天撞倒孕妇逃逸:"学车时没教过"[N].看看新闻,2018-1-22.

程建设强制性标准,保证勘察、设计工作的深度和质量,并对勘察、设计的结果负责。勘察所提供的地质、测量、水文等勘察成果必须真实、准确。编制建设工程勘察文件,应当真实、准确,满足建设工程规划、选址、设计、岩土治理和施工的需要。

现实中,实际操作不按规范要求设计勘察点的情况十分普遍,对设计的影响显而易见。例如,不少勘察报告前期资料收集不全,拟建工程的结构形式、规划地坪标高、勘探点坐标等情况不清,设计单位的勘察技术要求缺乏。对涉及公众利益方面的安全环节不够重视,忽视对工程场地原有地形地貌、不良地质作用及地质灾害的调查。[①] 勘察工作的深度和质量不够,会导致施工开挖后才发现实际情况与勘察报告大相径庭,致使业主不得不进行基础变更。

设计从业者应当根据勘察成果文件进行工程设计。设计单位应当按照相关规定,做好设计交底、设计变更和后续服务工作,保障设计意图在施工中得以贯彻落实,及时处理施工中与设计相关的质量技术问题。在交工验收前,设计从业者应当对工程建设内容是否满足设计要求、是否达到使用功能等进行综合检查和分析评价。

2)监理从业者

监理从业者在执业过程中,应依据建设工程监理合同监督和管理项目的整个实施过程,以尽职尽责的态度开展各项监理工作,保证执业活动成果的质量,并承担相应责任。具体而言,监理从业者应承担以下职业责任:依照法律、法规和工程建设强制性标准实施监理,对施工组织设计中的安全技术措施或者专项施工方案进行审查;要求施工单位及时对安全事故隐患进行整改;施工单位拒不整改或者不停止施工的,要及时向有关主管部门报告。

3)试验检测从业者

试验检测从业者应严格按照检测标准、规范、操作规程进行检测,应做到检测资料齐全,检测结论规范,保证每一项检测工作过程的质量。遵循科学求实原则,严格按照检测规范、检测实施细则认真完成室内及工地现场试验检测任务,确保检测数据准确可靠。应具备强烈的工作责任心,避免试验质量事故的发生。当试验数据说明工程质量存在问题时,应及时向上级汇报,并提出合适的处理意见,绝不隐瞒事实真相。

4. 机动车检测维修人员的职业责任

机动车检测维修人员的职业责任是恢复机动车技术状况和正常功能,延长机动车使用寿命。检测维修人员应向客户提供技术性能良好、经济的车辆维修

---

① 姜明友.岩土工程勘察中常见问题的分析和解决措施[J].中国新技术新产品,2010(18):100.

服务。对车辆的维修应当根据检测诊断和技术鉴定的结果,按不同范围和深度进行。既要防止修理造成车况恶化,又要防止提前修理造成的浪费。

机动车检测维修人员在工作中,也有对于客户的财产给予"合理的关照"或"适当照护"的责任。凡是维修人员有能力预见的、可能对客户车辆不利的情况,应当提前做好防护,预防后果的发生。因照护不周而导致车辆损坏的,检测维修人员应当承担相应的责任。

第三节 社 会 责 任

1. 驾驶员的社会责任

驾驶员应当主动采取措施,尽可能降低从业过程对环境和他人的影响。

运输车辆喇叭声通常响亮刺耳,驾驶员在城乡道路上行驶时,应当尽量减少不必要的鸣笛,以免行人受到噪声骚扰甚至受到惊吓,或避免附近居民的生活和休息受到影响。在一些封闭环境里(如隧道里),鸣笛声被局限于狭小的空间里,让人无法忍耐,因此不适合鸣笛催促,而应改用灯光等恰当的方式示意。此外,在车辆上私自加装"气喇叭"等高分贝鸣笛属于违法行为,应当坚决杜绝。

驾驶员应该自觉收好车辆上产生的垃圾,遇到公共垃圾箱时再抛弃,不可随意丢弃在道路上。车窗抛物不仅污染环境,还有可能造成各类意想不到的事故。比如,有货车驾驶员因向车窗外扔烟蒂,引燃车上的货物。车窗抛物也会影响到其他车辆驾驶人,行驶中的车辆遇到道路上的异物可能被扎破轮胎。环卫工人是最受车窗抛物影响的人群,每年我国都会发生许多起环卫工人在车道上清扫垃圾而被撞的事故,因清扫车窗抛物发生的事故占环卫工人被撞事故总数的30%。严重的车窗抛物甚至可能干扰他人行车,造成人员伤亡的重大事故。有案例是一辆轿车在高速公路上追尾了大货车,造成3死2伤,起因竟是轿车驾驶员闪避前车抛出的一个易拉罐。据统计,我国每年因车窗抛物就造成约400人死亡。

《中华人民共和国道路交通安全法》规定,驾驶人驾车时有妨碍他人安全行车行为的,罚款100元,扣2分。现实中,由于车窗抛物不易取证,所以大部分车窗抛物行为没有受到处罚。抵制车窗抛物行为主要依靠驾驶员的自觉性,这更加考验驾驶员的道德素质,体现出驾驶员主动考虑他人的同理心和减少社会危害的责任感。即使大部分抛物行为不受处罚,驾驶员也不可因此肆无忌惮,轻视车窗抛物可能引发事故的风险,因为一旦事故发生,驾驶员就要为事故的后果负全部责任。

案例 3-4 车窗抛物抛掉 1 万元[①]

洪女士驾车在道路上正常行驶,突然车的前挡风玻璃被空中出现的异物击中。"我车子开过去的时候,边上有个货车停在那里,驾驶员坐在车上,扔了一个玻璃瓶出来,刚好砸在我的车上。"事发突然,洪女士根本来不及避让。车被砸后,洪女士赶紧停车检查,发现车辆前挡风玻璃被砸出了一个坑,裂纹像蜘蛛网一样蔓延开来。洪女士的车辆购买价格在 170 万元以上,仅挡风玻璃的材料费就 1 万多元。洪女士打电话咨询 4S 店,得到的反馈是维修费用需要约 2.4 万元;咨询保险公司,工作人员称这是人为事故,不属于理赔范围。尽管货车驾驶员一再表示自己没那么多钱,但事故已经发生,货车驾驶员必须承担后果。经过民警的调解,最后货车驾驶员赔偿了洪女士 1 万元。

2. 教练员的社会责任

驾驶教练员是一个与全社会的道路交通安全间接相关的职业。教练员的首要社会责任是培训合格驾驶员,降低学员独立上路时肇事的概率。综合我国多地、多年的交通事故统计数据,驾龄不足 3 年的驾驶员肇事量占总数三成左右,说明新手驾驶员的驾驶技能仍然有较大的提升空间。

每名教练员都应该保证自己的学员在独立上路前,已经成为合格的驾驶员。合格的驾驶员要具备驾驶的身体条件,全面正确地掌握安全驾驶车辆的知识和技能,能够独立上路应对各种情况,并且愿意以安全文明的方式驾驶车辆。

1) 保证学员具备申领驾照的条件

当前,驾校报名所需的体检通常只包括视力、听力、是否色盲及四肢活动能力检查,而重大疾病主要依靠自己申报。因此,体检还不能做到完全排除所有不符合条件的人,尤其是精神类疾病患者在不发病时难以辨别。而由于能够与学员有较长时间的接触,教练员发现学员异常情况的机会比体检要更大一些。

驾校是道路交通安全的第一道防线。尽管学员流失可能会给教练员和驾校造成损失,但是杜绝交通安全隐患的责任更为重要。因此,本着负责的态度,驾校应努力防止存在隐患的人员拿到驾照上路行车。教练员应当在发现学员有不符合申领驾照的条件时,及时采取合理行动,阻止他们获得驾照。

案例 3-5 学员疑似精神疾病,驾校负责任劝退[②]

在武汉某驾校学车的小丽,顺利通过了体检和科目一考试。不过,教练在教她开车时,觉得她很古怪:"有时开着车,她会情绪突然失控哭起来。"教练说,

---

[①] 葛逸云,楼英辉. 这个货车司机随手一扔,扔出了 1 万元……[N]. FM93 交通之声,2018-10-31.
[②] 满达. 女子已考过科目二驾校费尽心机劝退:精神易失控[N]. 楚天都市报,2016-6-27.

其他学员练车时,她经常在旁边指指点点,前言不搭后语。这让教练担心:小丽拿到驾照应该不成问题,但根据她的言行和精神状态来判断,她今后开车上路很可能存在安全隐患。为此,教练向驾校汇报了此事。"我们也不能认定她有精神方面的疾病,但又不敢让她继续考试。"驾校工作人员称。由于只是怀疑小丽有精神方面的疾病,害怕刺激她或伤害她的自尊,教练和工作人员对于如何劝退她也很为难。经过几次沟通无果后,教练发现小丽开车时显得很胆怯,便以胆小不适合开车为由对小丽进行了劝说。终于在谈话中,小丽哭了起来,说自己开车时确实蛮害怕的,表示不学了,同意退款。

精神类疾病患者驾车肇事的案例屡有发生。2013年6月,昆明一女子驾车连撞7辆车。该肇事女驾驶员曾患有精神疾病,2006年还接受过治疗,但她在2010年却顺利拿到驾照。2014年5月,宜昌一男子隐瞒癫痫病史,驾车导致交通事故,造成4死8伤,被一审判处无期徒刑。

2)注重培养学员的安全意识

在驾驶培训全过程中,应始终向学员强调安全的重要性。使学员全面掌握知识技能,学会在各种条件下驾驶车辆,是教练员对学员应尽的责任。而减少车辆事故,不仅是教练员对学员的责任,而且是教练员对道路交通安全和社会公众应尽的责任。强调安全行车,把学员培养成安全的驾驶员,需要教练员在培训的全过程中始终强调安全的重要性,并将安全知识、安全技能和安全意识的培养结合起来。

教练员应保证学员全面掌握道路交通安全法律法规、车辆构造与安全性能知识,并学会在各个气象及道路条件下驾驶车辆、处置紧急状况的技能。掌握必要的知识,能够确保学员具备独立驾驶和分析解决问题的能力。只有这样,在行车过程中,学员才能知道怎么做是安全的,怎么做是危险的;遇到紧急情况时,才知道如何妥当处置,如何减少事故伤亡和财产损失。而掌握熟练的驾驶技能,则能保证学员在开车时将知识分析出的处置方法通过动作运用到位。

但是,成为安全驾驶员,仅凭知识和技能是不够的。如果没有安全意识,即使知识技能再高,也不能避免事故的发生。因此,要培训出安全驾驶员,教练员应当始终向学员强调安全的重要性,培养学员的安全意识和驾驶习惯。要求学员遵守法律法规,按照道路标志、标线、信号灯行驶,不超速、不酒后驾车、不疲劳驾驶等,可以说是最基本的安全意识教育。除此之外,教练员还应主动向学员讲解一些易发事故的不当操作及其可能导致的结果,如在视线不清处超车、路口不减速、占道行车等。教练员还应当避免将某些看似取巧、实则可能导致安全隐患的驾驶行为教给学员,如变道不打转向灯或不看后视镜、夜间交会车时不关闭远光灯、不主动避让优先通行车辆和行人、在排队时强行加塞等。

3）对学员的水平做出客观的评价

教练员应当按照大纲的要求,在每一项目训练课时结束后,对学员的水平进行客观评价。教练员也应当在培训结束时,对学员是否达到安全的独立驾驶水平有客观的评价。对于未达到独立安全驾驶水平的学员,应该继续培训至达到标准。

许多教练员出于经济利益的考虑,压缩培训时间和质量。许多学员在还远未达到上路标准时,教练就让其直接参加考试。这除了导致教"应试技巧"十分普遍外,教练员帮助作弊的现象也非常严重。教练员往往通过贿赂考官及考场工作人员、购买作弊设备、替考等方式帮助学员通过考试。而学员虽然拿到驾照,但实际却是有本不会开、不敢开,或开车易发生事故。

值得注意的是,一些地方近年来开始实施培训质量事故的责任倒查制度,对驾龄在3年以下驾驶人的重大事故倒查培训驾校和教练员的责任。这意味着教练员如果不能保证学员的驾驶水平,最终真的可能要因此而付出代价。

第四节 环境责任

1. 工程师的环境责任

工程师在履行职业责任的时候,应努力遵守可持续发展的原则。可持续发展是指工程活动"不危害自然系统吸收人类活动影响的能力、不损害子孙后代满足他们需要和愿望的能力。在这两个条件下来满足当前的需要和愿望。"[1]

1）两种观点:人类中心主义和非人类中心主义

工程师对环境的责任问题隐含在工程师对公众的安全、健康、福利的责任中,因为环境与人类健康、福利息息相关。当前,工程界在工程师对生态环境的责任范围方面存在两种不同的观点。[2] 一种是"人类中心主义",这种观点认为,当环境污染、生态破坏对人类的生存、发展构成威胁时,工程师应当关注环境与生态。人类中心主义认为工程师的环境责任,只存在于生态环境对于人类有影响的方面。这种观点将生态环境视作是工具性的,保护生态环境的动机源于对人类自身健康和福祉的关注。

与之相对的另一种观点则是"非人类中心主义"。这种观点认为,即使在人类生存和发展没有受到直接影响的时候,工程师也应当对生态环境保持关注。

---

[1] 哈里斯,普理查德,雷宾斯,詹姆斯,英格尔哈特.工程伦理:概念和案例(第五版)[M].丛杭青,沈琪,魏丽娜,等译.浙江大学出版社,2018.

[2] 李世新.工程伦理学概论[M].中国社会科学出版社,2008:221-223.

环境、非人类的生命体本身就有受到应有尊重的权利。通过以下两个保护动物生存权的例子,我们可以看出这两种观点的不同之处。

案例 3-6 国道建设为粉红椋鸟让路①

2018年6月,新疆在建的墩那高速公路(墩巴扎至那拉提的高速公路)突然出现了大群粉红椋鸟,在工地的乱石中开始筑巢繁育。粉红椋鸟是一种迁徙性的候鸟,冬季栖息在欧洲东部和中亚中西部,5月便迁徙到中国新疆西部繁衍生息。它们生性喜爱在石堆洞穴或地面筑巢。2018年年初,施工方对道路必须经过的一座山进行爆破,准备修筑路基。爆破后的乱石散落在附近,正好为群鸟提供了天然巢穴(图3-1)。

图3-1 在工地上筑巢的粉红椋鸟②

粉红椋鸟在新疆伊犁等地被称为"草原铁甲兵",专吃蝗虫,有时一天捕食的蝗虫重量能超过它们自己的体重,因此粉红椋鸟也被认为是生物灭蝗的主力军。为了根治过度放牧和人为影响带来的蝗灾,尼勒克县曾经投资40余万元在草场为粉红椋鸟修建了8座巨型鸟巢,牧民们每年也会自发地堆砌石头堆,吸引粉红椋鸟筑巢治蝗。"以前草原蝗灾严重,后来粉红椋鸟来了之后,蝗灾就再也没发生过。保护椋鸟也是保护我们自己。"牧民们说。

由于新疆的冬季漫长而寒冷,施工只能在4~10月进行。按照工期计划,年底要把沥青铺完达到通车条件。"34km的路基,仅剩这座山周围约400m的路段没有修好。"但是如果继续施工,很可能让椋鸟弃巢,幼鸟在饥饿状态下会惨死于挖掘机下。这一繁殖地粉红椋鸟数量巨大,继续施工可能对当地蝗虫治理和农业经济造成不良影响。

粉红椋鸟的繁殖期近1个月。虽然停工会影响工程进度并给企业造成损

---

① 王雪迎.218国道建设为粉红椋鸟让路[N].中国青年报,2018-6-29(06).
② 新浪微博"守护荒野"/图.

失,但是新疆油建还是决定暂停施工。按照林业部门和志愿者提供的建议,施工人员制作了"椋鸟孵化区"的保护牌,并用颜色鲜艳的绿网和铁架围拦山体,防止人和牲畜随意进入造成破坏。项目总工程师姜东军说:"虽然停工对项目影响很大,造成了近100万元的损失,但从保护动物和环境的角度看,是值得的,保护粉红椋鸟就是保护草原。"

案例 3-7 港珠澳大桥建设中的中华白海豚种群保护①

中华白海豚是我国一级保护动物,也是世界濒危海洋哺乳动物之一,因数量稀少,曾在1988年被列入《中国濒危动物保护红皮书》。中华白海豚的最大栖息地在伶仃洋,这里的珠江口中华白海豚保护区面积为460km²。而总长约55km的港珠澳大桥,穿越了白海豚自然保护区核心区约9km、缓冲区约5.5km,共涉及保护区海域约为29km²。

为了保护白海豚,港珠澳大桥在方案设计、施工建设、工程管理、技术研究等方面做出调整。通过不断优化设计和施工方案,力求将大桥建设对白海豚生活栖息地的影响降到最低。

早期,研究人员300多次出海跟踪,拍了30万张照片,对保护区内千余头白海豚进行标识。在项目可行性研究阶段,开展环境影响评价、海域使用论证、中华白海豚保护、海洋倾倒区选划、防洪评价等环境保护专题研究,按照《港珠澳大桥工程中华白海豚生态补偿协议书》的约定,落实白海豚生态补偿款。

为了让大桥建设"让道"于中华白海豚,工程不断优化设计。光是非通航孔桥部分,就从工程可行性研究阶段的318个桥墩减少到了最终的224个。

大桥在施工方案上也进行了调整:将承台均埋入海床面以下降低阻水率;基础采用钢围堰钢管复合桩工艺,打桩船施打、液压锤沉桩,减少噪声对白海豚和其他海洋生物的影响;沉管隧道、桥梁承台、墩身、钢箱梁岸上工厂化预制、海上拼装,减少海上施工人员和施工船舶对海洋环境的影响,缩短了海上作业时间;尽量避免在4~8月白海豚繁殖高峰期进行大规模的疏浚开挖等容易产生大量悬浮物的作业,采用污染较小的挖斗船疏浚施工,采用大型设备以减少施工设备数量。

以大桥岛隧工程的施工为例。作为大桥控制性工程的岛隧工程,由东西两个近10万 m² 的人工岛、联通两岛约6.7km的海底沉管隧道组成。为降低对中华白海豚的影响,岛隧项目部创新开发了新的施工工艺工法。人工岛采用120个直径22m的大型钢圆筒以液压振沉快速筑岛围堰的施工方案;钢圆筒在上海

---

① 廖明山,刘倩欣.港珠澳大桥建设者保护中华白海豚的故事.珠海特区报[N].2017-7-11.

加工制造,现场起吊、振沉,极大地缩短了施工时间;人工岛挖深由初步设计阶段高程-31m提高至约-16m;沉管基槽开挖边坡由1:7优化至1:5;疏浚总量从工程可行性研究阶段的约4300万 m^3 减少至施工阶段的3100万 m^3。

在大桥主体工程的每一条施工船上,都安排有白海豚观察员。这是一个港珠澳大桥建设中特有的岗位,需要持证上岗。在大桥建设过程中,根据白海豚观察员的观察发现,施工船舶会为白海豚"让道"。2011年,东人工岛正在做砂桩施工,观察员突然发现岛旁几百米处出现了两头中华白海豚,根据"500m以内停工观察,500m以外施工减速"的原则,迅速通知砂桩作业停工,直到4h过后白海豚离开才恢复作业。

为实现白海豚"不搬家"的目标,从2011年起,大桥管理局会同保护区管理局举办白海豚保护知识培训29次,共2544人次参加。大桥管理局还引入了HSE管理体系,成立了专门的安全环保部负责对项目的安全环保工作进行综合监督管理,并引进了环保顾问的咨询机制。

2017年12月,港珠澳大桥主体工程的施工任务基本完成。根据广东省海洋与渔业厅发布的《2017年广东省海洋环境状况公报》显示,2017年珠江口中华白海豚国家级自然保护区管理局共目击中华白海豚380群次,共2180头次(图3-2)。数据库新增白海豚234头,累计已识别海豚2367头。这意味着自港珠澳大桥建设以来,珠江口中华白海豚种群的总体数量相对稳定,中华白海豚得到了较好的保护。

图3-2 港珠澳大桥建设中珠江口所观察到的白海豚①

案例3-5与案例3-6体现了"人类中心主义"倾向(保护粉红椋鸟是因为对当地的蝗虫治理和农业经济有利)和"非人类中心主义"倾向(保护白海豚是出于对该物种的基本尊重)的不同。尽管"人类中心主义"和"非人类中心主义"等理论在观点上存在分歧和差异,但是它们在下述问题上已经基本取得一致和共识:

---

① 珠海特区报记者 钟凡/图.

（1）人类必须承担起保护环境的责任。不可为了人类的琐碎利益而牺牲其他生命，不能暴殄天物。我们应当建立一种道德的生存方式，在人类实现自身繁荣昌盛的同时，依然保持其他生命的欣欣向荣。

（2）地球的承载力是有限的。

（3）环境不仅是现代人的财富，也是后代人的财富。①

保护自然环境的完整性是人类福利所必要的组成部分，自然环境支持着人类和其他形式的生命体。

2）工程的环境伦理问题和责任

一项交通工程对环境的影响体现在各个环节——工程设计的效率、工程原料的利用、建设过程中对环境的影响等。首先，交通工程需占据自然环境的空间（地上与地下、水上与水下）②，并且影响周围生态。其次，交通工程建设中需要使用大量的建筑材料，这些材料的生产在消耗能源的同时，也会带来环境污染。此外，建筑废弃物也会造成环境污染，如对建筑废弃物的粗放堆放和填埋会造成土壤和地下水污染。

这些大范围的开发建设活动可能会对项目影响范围内的生态环境带来负面影响，因此常常会面临许多问题——建还是不建？如何降低建设带来的环境和生态价值的损失？如何建立和完善生态补偿机制？

面对这些问题，工程师首先需要了解自身的环境责任，包括：评估、消除或减少关于工程项目、过程和产品的决策所带来的短期以及长期的影响；减少工程项目以及产品在整个生命周期对环境及社会的负面影响，尤其在工程的使用阶段；将工程环境风险（以及其他方面风险的信息）客观、真实地与公众进行交流；促进技术发展来解决环境难题，减少技术的环境风险；认识到环境自身的内在价值，不再像过去一样把环境视作免费产品。③

交通工程在建设过程中，会穿越各种生态系统，有时会涉及自然保护区、天然森林、水源保护区、特殊地质地貌及生态脆弱区、自然灾害多发区等生态区域。交通工程的建设可能导致环境的改变，迫使许多动物和植物失去生存的空间，甚至使得原有的生物链遭到破坏。工程活动对其他生物所造成的影响决定了工程师同样担负着对自然界其他生物的环境伦理责任。在工程活动中，需要工程师认识到他们的环境伦理责任，并从道德角度重新审视和协调好工程与自

---

① 李世新.工程伦理学概论[M].中国社会科学出版社,2008:229.
② 李文利,柴文革.论土木工程师的工程伦理责任[J].北京城市学院学报,2007(4):92-96,106.
③ 肖显静.论工程共同体的环境伦理责任[J].伦理学研究,2009(6):65-70.

然的关系,合理利用自然资源。①

案例 3-8 西藏拉林高等级公路建设中的生态环境保护②③④

国道 318 线拉萨至林芝段公路改造工程(简称"拉林公路"),连接我国西藏拉萨市和林芝市,是国道 318 线的重要组成部分。拉林公路横跨拉萨河谷、尼洋河谷,沿线海拔变化大,气候各处不同,土质条件多样,生态环境各异。由于高寒、干旱等各种自然因素的制约,周边生态系统极为脆弱,一旦遭到破坏,恢复难度极大。

为了降低公路建设对生态环境造成的影响,避让环境敏感地区,拉林公路在路基选线时绕开了湿地和自然保护区,确实需要占用的,则采取"以桥代路"的方式减少生态破坏。在一标段一合同段,如果只清除垃圾,打地基通过,成本只要 30 万元;如果架桥通过,则要增加投资 4000 万元。因为剥离垃圾表层的过程中可能会对大气、水资源造成污染,通过多方考量,最后还是决定增加投资,以避免二次污染。

拉林公路的施工严格划定范围,修筑便道供各类设备机械行驶。按照"挖填平衡"的原则,要求尽量集中取土弃土,对取土、取砂和弃料场进行论证,把上百个料场压缩为 48 个,选址严格避开自然保护区、湿地、水源区。

建设中,拉林公路聘请了专业的团队开展植被恢复技术的适用性评价,对坡面周边植物群落中的建群种进行合理配置,并进行护坡植被施工,使路堑及路堤边坡植物群落景观与周围山体自然植被景观相融合。

施工结束后,项目利用原有植被草皮表土回填的方法,使施工场地恢复到原有的生态面貌。对于项目临建、施工便道、取料场、弃土场等施工用地,在建设前先剥离区域内原有草皮植被,就近位置集中堆放并保存好。对剥离的草皮植被,使用覆盖、洒水等养护措施避免其腐坏。建设完毕后,破除占用区域场地结构层,挖除和周围土体不一致的换填土,将区域场地整平,所有杂物、垃圾外运至弃土场掩埋,然后使用养护的草皮实施回植。

拉林高等级公路建设共投入近 4 亿元用于生态恢复,并在全区公路交通建设中首次应用生态袋、生态毯、生态微孔基质等国际先进的柔性生态护坡技术。在"不破坏、少扰动、多恢复"原则下,拉林高等级公路已被建设成为一条生态通道、绿色长廊、景观大道(图 3-3)。

---

① 王青青. 工程师与环境伦理责任[J]. 宜春学院学报,2009,31(1):19-21.
② 西热旦增,曾炜,胡敏. 拉林公路高海拔草甸地区场地恢复[J]. 中国公路,2018(1):104-105.
③ 赵书彬. 西藏:拉林高等级公路生态恢复投入近 4 亿元[N]. 中国西藏新闻网.2015-06-29.
④ 刘文军. 西藏拉林高等级公路建设将建成生态通道绿色长廊[N]. 中国公路网.2014-7-31.

图 3-3　拉林公路沿途景观①

3）工程环境伦理的行为标准

工程师环境伦理的基本要求是：工程师进行的工程活动要遵循可持续发展的原则，合理地开发和利用自然，保护环境。工程师应具备与其职业活动相适应的整体思维方式和生态环境知识，能对一切与环境有关的工程活动做出符合生态学和环境伦理学的评价，并有充分的专业知识、专业智慧以及强烈的道德责任感去制订将生态安全置于首位并兼顾综合效益的工程技术目标和策略。②

在影响自然的工程活动中，工程师应当依照以下几点作为行动准则和评价标准：③

（1）整体性。工程活动的正确性取决于环境利益与人类利益是否相协调，而不是仅仅依据人类的意愿和需要这一立场。

（2）不损害。自然拥有其内在价值和利益诉求，这种利益诉求要求人类在工程活动中不损害自然的正常功能。这种损害指的是对自然环境造成不可逆的或不可修复的伤害。正常的、不违背环境伦理的工程对自然生态所造成的影响应当是可以修复和弥补的。

（3）补偿。如果一个工程活动对自然环境造成了影响，那么责任人必须作出必要的补偿，以恢复自然环境的健康状态。

我们应当注意到，工程师职业活动的特点及社会体制与医生、律师等典型专业人员之间存在很大的不同，这些因素造成工程师的伦理意识远不如医生、律师强。首先，工程师一般以团队为单位进行工程活动，工程师个人的力量很难识别，尤其是日益加强的专业化劳动分工更容易造成工程师忽视自己工作的环境及其后果。由于大的工程项目存在众多工程师之间的分工与合作，负责其中一

---

① 普布扎西.西藏：拉林高等级公路将打造景观长廊[N].新华网.2016-4-6.
② 秦红岭.试论土木工程师的职业伦理[J].北京建筑工程学院学报，2006，22(s1)：41-44.
③ 李正风，丛杭青，王前.工程伦理[M].北京：清华大学出版社，2016：96-97.

部分工作的工程师可能对自己狭隘的领域着迷,而对整个工程的最终用途漠不关心。他会这样为自己辩解——"我只是研究这个轴承。机器用于什么目的,为什么要我负道德责任呢?"

其次,大多数工程师是企业里挣工资的雇员,一般情况下要听从企业管理层的指挥。工程活动的这样一种组织体制特点,使工程职业的自主性受到很大的限制,工程师往往看不到自己的力量及影响,容易忽视自己肩负的重大责任,把自己仅仅视为机器上的一个齿轮,而不是负责任的决策者。①

在工程设计和工程实施中,工程师需要在完成目标的前提下,本着节约资源、保护环境的原则合理地进行工程规划和实施。在工程应用阶段,工程师对由工程引发的环境污染负有预防和治理的责任,一旦发现破坏环境的现象,应及时告知社会并提出合理的解决方案。②

工程师的环境伦理责任包含了维护人类的健康,使人类免受环境污染和生态破坏带来的痛苦和不便;维护自然生态环境不遭破坏,避免其他物种承受破坏带来的影响。鉴于这种责任,如果认识到他们的工作正在或可能对环境产生影响,则工程师有权拒绝参加这一活动,或中止他们正在进行的工作。③

2. 驾驶员环境责任

驾驶员应当按照节能驾驶的要求,采用节能驾驶的方法行车,减少燃料消耗、尾气排放、噪声污染对环境的危害。例如,应定期检查车辆,保持车况良好,减少燃料不完全燃烧造成的环境污染,以及避免汽油泄漏造成的污染和能源浪费。驾驶员应学习和使用节能驾驶技巧,如平稳起步、缓慢加速、保持合理车速、停车熄火等,以减少能源的使用。在夏季使用空调时,应将空调设定在适宜的温度,避免将温度设置得过低;在天气好、行驶速度低时,应适当开窗通风。

货运驾驶员应采取必要措施固定货物,避免货物脱落、扬撒对途经地的环境造成影响。

危险货物运输驾驶员在长时间停车时,要尽量避免选择河流湖泊等环境敏感点停放,并采取相应的安全防范措施。中途发生事故的,驾驶员、押运员应当立即采取相应的紧急救助措施,在减少生命财产损失的同时,尽量降低对环境的影响。

---

① 李世新.工程伦理意识淡漠的原因分析[J].北京理工大学学报(社会科学版),2006,8(6):93-97.
② 王青青.工程师与环境伦理责任[J].宜春学院学报,2009,31(1):19-21.
③ 李正风,丛杭青,王前.工程伦理[M].清华大学出版社,2016:100.

第四章

具备胜任力

"胜任力",指的是从业者从事一个职业、履行工作职责所需具备的知识、技术、能力及其他特质。

一个特定群体的工作之所以称之为职业(profession),是因为这个职业的从业者具备自己特有的知识和能力,并通过这种特有的知识和能力所提供的服务与其他职业区分开来。例如,工程师是"声称自己在工程专业领域内拥有专门的能力,并能通过这些能力向雇主或客户提供服务"[①]的一群人。一个职业的从业者与其他人群(如爱好者)的区别还在于,从业者通过提供专业的服务来换取劳动报酬。如果一个人未达到最低胜任力就以专业人员的头衔自居,是对雇主和客户的欺骗,也是对商业交易公平性的违背。这说明了人们在可以被视为一名专业的从业者、或从事一个职业之前,必须具备从事该职业最基本的知识、技术和能力。

具备胜任力是从事一个职业的基础要求,由于交通运输与安全高度相关,从事交通运输职业尤其需要强调胜任力的重要性。从业者如果不具备胜任力,可能直接增加从业安全事故的发生概率,或造成工程设计缺陷、发生质量问题等,直接危害公众的生命和健康。

必须说明的是,具备胜任力仅仅是"达到了从业的最低要求"。胜任力也是一个持续发展的过程,法律法规、科学技术、从业道德要求等内容总是在不断更新的动态变化之中。因此,从业者在具备了基本从业能力后,仍然需要通过继续教育、持续学习等方式不断保持并发展胜任力,与新法规、新技术的发展保持一致,并通过能力提升来提供良好的服务。

---

① 哈里斯,普理查德,雷宾斯,詹姆斯,英格尔哈特.工程伦理:概念和案例(第五版)[M].丛杭青,沈琪,魏丽娜,等译.杭州:浙江大学出版社,2018.

第一节　具备基本的职业能力

一种有效的、普遍的衡量职业能力的方法,即职业资格考试。通过职业资格考试可以证明从业者拥有专业技术和最低标准的胜任能力。另一些职业虽然不需要通过职业资格考试,但也有职业能力和从业条件的基本要求。本节梳理了我国交通运输相关法律法规、规章规范对部分职业的职业资格、职业能力和从业条件等做出的相关规定。

1. 道路运输从业人员

1) 驾驶员

《道路运输从业人员管理规定》对客运驾驶员、货运驾驶员(不含总质量4.5t及以下普通货物运输)、出租汽车驾驶员的职业能力和从业条件规定如下。

(1) 客运驾驶员。取得相应的机动车驾驶证1年以上;掌握相关道路旅客运输法规、机动车维修和旅客急救基本知识;经考试合格,取得相应的从业资格证件;具体见表4-1。

道路旅客运输驾驶员需掌握的知识和能力[①]　　表4-1

类　别	具　体　内　容
1. 驾驶员的社会责任、职业道德和职业心理	驾驶员的社会责任、职业道德和职业心理
2. 道路运输从业相关法律、法规	《中华人民共和国安全生产法》 《中华人民共和国道路交通安全法》及实施条例 《中华人民共和国道路运输条例》 《道路运输从业人员管理规定》 《道路旅客运输及客运站管理规定》
3. 道路旅客运输知识	运输的分类与特点 旅客运输车辆类型与使用、旅客运输的基本环节、危险化学品的识别 客运合同与保险知识 班车客运、包车(旅游)客运的服务要求

---

① 交通运输部.道路旅客运输驾驶员和道路货物运输驾驶员从业资格培训教学大纲.2012-12-10.

续上表

类　　别	具　体　内　容
4.安全意识与安全行车	安全文明驾驶知识
	危险源识别与防御性驾驶（各种行驶状态、典型道路环境、恶劣气象和高速公路、夜间等环境条件下的危险源识别与防御性驾驶方法）
	临危避险驾驶（发动机突然熄火、转向失控、制动失效、轮胎漏气及爆裂，车辆侧滑、侧翻、起火，突遇自然灾害、恐怖袭击、火灾及爆炸等情况的应急处置方法）
	驾驶员或乘客突发疾病时的应急处置方法
	事故现场的应急处置方法 常用伤员救护方法
5.汽车使用技术	汽车日常维护作业内容
	道路运输车辆技术要求（道路运输车辆综合性能及检测要求，外廓尺寸、轴荷及质量限值要求，燃料消耗量检测）
	汽车发动机、底盘、电器设备常见故障识别方法
	轮胎的正确使用方法
	节能与环保驾驶方法
	汽车新技术、新能源与新材料

（2）货运驾驶员。取得相应的机动车驾驶证；掌握相关道路货物运输法规、机动车维修和货物装载保管基本知识；经考试合格，取得相应的从业资格证件；具体见表4-2。

道路货物运输驾驶员需掌握的知识和能力[①]　　　表4-2

类　　别	具　体　内　容
1.驾驶员的社会责任、职业道德和职业心理	驾驶员的社会责任、职业道德和职业心理
2.道路运输从业相关法律、法规	《中华人民共和国安全生产法》 《中华人民共和国道路交通安全法》及实施条例 《中华人民共和国道路运输条例》 《公路安全保护条例》 《道路运输从业人员管理规定》 《道路货物运输及站场管理规定》

---

① 交通运输部.道路旅客运输驾驶员和道路货物运输驾驶员从业资格培训教学大纲.2012-12-10.

续上表

类　　别	具　体　内　容
3. 道路货物运输知识	货物运输的分类与特点、甩挂运输特点及其要求、危险化学品的分类及常见危险化学品 货物运输车辆类型与技术要求、运输基本环节与运输质量要求 货运合同与保险知识 保价知识
	货物装载质量、顺序及拼装配载要求和常见货物固定方法、货物包装储运图示标志 货物运输途中的装载检查方法
	普通货物运输组织形式、特点及要求，零担货物运输与整车货物运输要求
	集装箱、冷藏保鲜货物、罐式容器运输的特点及要求 大型物件运输特点及要求 道路超限运输相关知识
4. 安全意识与安全行车	安全文明驾驶知识
	危险源识别与防御性驾驶（各种行驶状态、典型道路环境、恶劣气象和高速公路、夜间等环境条件下的危险源识别与防御性驾驶方法）
	临危避险驾驶（发动机突然熄火、转向失控、制动失效、轮胎漏气及爆裂，车辆侧滑、侧翻、起火，突遇自然灾害、恐怖袭击、火灾及爆炸等情况的应急处置方法）
	事故现场的应急处置方法 常用伤员救护方法
5. 汽车使用技术	汽车日常维护作业内容
	道路运输车辆技术要求（道路运输车辆综合性能及检测要求，外廓尺寸、轴荷及质量限值要求，燃料消耗量检测，车辆改装管理的有关规定）
	发动机、底盘、电器设备常见故障识别方法
	轮胎的正确使用方法
	节能与环保技术
	汽车新技术、新能源与新材料

（3）出租汽车驾驶员。出租汽车驾驶员需要掌握国家出租汽车法律法规、职业道德、服务规范、安全运营等普遍规范；巡游出租汽车驾驶员需要掌握从业所在地的出租汽车政策法规、经营区域人文地理、交通路线；网络预约出租汽车驾驶员需要掌握从业所在地的出租汽车政策法规。

2）机动车检测维修人员

《道路运输从业人员管理规定》和《机动车维修管理规定》对机动车检测维修人员职业能力和从业条件规定如下。

（1）技术负责人员。具有机动车维修或者相关专业大专以上学历,或者具有机动车维修或相关专业中级以上专业技术职称;熟悉汽车或者其他机动车维修业务,掌握汽车或者其他机动车维修及相关政策法规和技术规范。

（2）质量检验人员。熟悉各类汽车或者其他机动车维修检测作业规范,掌握汽车或者其他机动车维修故障诊断和质量检验的相关技术,熟悉汽车或者其他机动车维修服务收费标准及相关政策法规和技术规范,并持有与承修车型种类相适应的机动车驾驶证。

（3）从事机修、电器、钣金、涂漆、车辆技术评估（含检测）作业的技术人员。熟悉所从事工种的维修技术和操作规范,并了解机动车维修及相关政策法规。

3）机动车驾驶培训教练员

《道路运输从业人员管理规定》对机动车驾驶培训教练员的职业能力和从业条件规定如下。

（1）理论教练员。取得相应的机动车驾驶证,具有 2 年以上安全驾驶经历;具有汽车及相关专业中专以上学历或者汽车及相关专业中级以上技术职称;掌握道路交通安全法规、驾驶理论、机动车构造、交通安全心理学、常用伤员急救等安全驾驶知识,了解车辆环保和节约能源的有关知识,了解教育学、教育心理学的基本教学知识,具备编写教案、规范讲解的授课能力。

（2）驾驶操作教练员。取得相应的机动车驾驶证,符合安全驾驶经历和相应车型驾驶经历的要求;掌握道路交通安全法规、驾驶理论、机动车构造、交通安全心理学和应急驾驶的基本知识,熟悉车辆维护和常见故障诊断、车辆环保和节约能源的有关知识,具备驾驶要领讲解、驾驶动作示范、指导驾驶的教学能力。

（3）道路客货运输驾驶员从业资格培训教练员。具有汽车及相关专业大专以上学历或者汽车及相关专业高级以上技术职称;掌握道路旅客运输法规、货物运输法规以及机动车维修、货物装卸保管和旅客急救等相关知识,具备相应的授课能力;具有 2 年以上从事普通机动车驾驶员培训的教学经历,且近 2 年无不良的教学记录。

（4）危险货物运输驾驶员从业资格培训教练员。具有化工及相关专业大专以上学历或者化工及相关专业高级以上技术职称;掌握危险货物运输法规、危险化学品特性、包装容器使用方法、职业安全防护和应急救援等知识,具备相应的授课能力;具有2年以上化工及相关专业的教学经历,且近2年无不良的教学记录。

2. 危险货物运输从业人员

从事危险化学品作业,具备所需的知识和规范操作的能力是实现一切道德行为的根基。尊重生命、不伤害等伦理原则,要求从业者不伤害自己、不伤害他人,且能够阻止他人伤害自己、伤害别人。这些行为实现的基础是从业人员具备相应的专业知识和能力。

1)道路危险货物运输从业人员

《道路运输从业人员管理规定》和《道路危险货物运输管理规定》对道路危险货物运输从业人员的职业能力和从业条件规定如下。

(1)道路危险货物运输驾驶员。取得相应的机动车驾驶证;取得经营性道路旅客运输或者货物运输驾驶员从业资格2年以上或者接受全日制驾驶职业教育;接受相关法规、安全知识、专业技术、职业卫生防护和应急救援知识的培训,了解危险货物性质、危害特征、包装容器的使用特性和发生意外时的应急措施;经所在地设区的市级人民政府交通运输主管部门考试合格,取得注明为"剧毒化学品运输"或者"爆炸品运输"类别的从业资格证;具体见表4-3。

道路危险货物运输驾驶员需掌握的知识和能力[①] 表4-3

类　　别	具 体 内 容
1. 危险货物运输相关法律、法规常识	《中华人民共和国道路运输条例》 《危险化学品安全管理条例》 《道路危险货物运输管理规定》 《中华人民共和国安全生产法》 《中华人民共和国道路交通安全法》 《危险货物分类和品名编号》(GB 6944—2012) 《危险货物品名表》(GB 12268—2012) 《危险货物道路运输规则》(JT/T 617—2018)
2. 社会责任与职业道德	危险货物运输驾驶员的社会责任、职业道德和行为要求
3. 常见危险货物的分类和相关特性	常见危险货物分类和特性 爆炸品特性 剧毒化学品特性

---

① 交通运输部运输服务司.道路危险货物运输从业人员从业资格考试大纲.2014-6-29.

续上表

类　别	具　体　内　容
4.危险货物运输包装常识	危险货物运输包装基本要求 危险货物运输包装的基本分类及其所适用的危险货物
	危险货物运输包装储运图示标志的分类及含义
	危险货物运输包装标志的分类及使用要求
	《道路运输危险货物车辆标志》（GB 13392—2005）
5.危险货物运输车辆技术要求	道路危险货物运输车辆类型和基本要求
	《机动车安全技术检验项目和方法》（GB 38900—2020） 《道路运输车辆技术等级划分和评定要求》（JT/T 198—2016）
	道路危险货物运输车辆安全设施
	汽车维护基本常识 低碳、节能与环保技术 汽车新技术应用
	道路危险货物运输工、属具的要求
6.安全意识与安全行车	道路危险货物运输安全驾驶 危险源识别与防御性驾驶
7.危险货物运输安全及事故应急处置	压缩气体和液化气体运输安全及事故应急处置
	易燃液体运输安全及事故应急处置
	易燃固体、易于自燃的物质、遇水放出易燃气体的物质运输安全及事故应急处置
	氧化性物质和有机过氧化物运输安全及事故应急处置
	毒性物质和感染性物质运输安全及事故应急处置
	腐蚀性物质运输安全及事故应急处置
	爆炸品运输安全及事故应急处置
	剧毒化学品运输安全及事故应急处置

（2）道路危险货物运输装卸管理人员和押运人员。接受相关法规、安全知识、专业技术、职业卫生防护和应急救援知识的培训，了解危险货物性质、危害特征、包装容器的使用特性和发生意外时的应急措施；经所在地设区的市级人民政府交通运输主管部门考试合格，取得注明为"剧毒化学品运输"或者"爆炸品运输"类别的从业资格证；具体见表4-4。

道路危险货物运输装卸管理人员和押运人员需掌握的知识和能力[①] 表 4-4

类　　别	具体内容
1. 危险货物运输相关法律、法规常识	《中华人民共和国道路运输条例》 《危险化学品安全管理条例》 《道路危险货物运输管理规定》
	《中华人民共和国安全生产法》 《中华人民共和国道路交通安全法》
	《危险货物分类和品名编号》（GB 6944—2012） 《危险货物品名表》（GB 12268—2012）
	《危险货物道路运输规则》（JT/T 617—2018）
2. 社会责任与职业道德	危险货物运输押运人员（或装卸管理人员）的社会责任、职业道德和行为要求
3. 常见危险货物的分类和相关特性	常见危险货物分类和特性
	爆炸品特性
	剧毒化学品特性
4. 危险货物运输包装常识与装卸安全知识	危险货物运输包装基本要求 危险货物运输包装的基本分类及其所适用的危险货物
	危险货物运输包装储运图示标志的分类及含义
	危险货物运输包装标志的分类及使用要求
	《道路运输危险货物车辆标志》（GB 13392—2005）
	装卸机具的基本要求（包括安全性能、技术性能和安全操作规程） 道路危险货物运输装卸过程的安全要求
	#道路危险货物运输工、属具的要求
*5. 危险货物运输押运安全知识	道路危险货物运输押运人员职责和技能要求
	道路危险货物运输押运安全要求（包括出车前准备、运输过程安全要求）
	各类危险货物押运安全要求
6. 危险货物运输车辆技术要求	道路危险货物运输车辆类型和基本要求
	道路危险货物运输车辆的安全设施
	《机动车安全技术检验项目和方法》（GB 38900—2020） 《道路运输车辆技术等级划分和评定要求》（JT/T 198—2016）

---

① 交通运输部运输服务司.道路危险货物运输从业人员从业资格考试大纲.2014-6-29.

续上表

类　别	具 体 内 容
7. 危险货物运输安全及事故应急处置	压缩气体和液化气体运输安全及事故应急处置
	易燃液体运输安全及事故应急处置
	易燃固体、易于自燃的物质、遇水放出易燃气体的物质运输安全及事故应急处置
	氧化性物质和有机过氧化物运输安全及事故应急处置
	毒性物质和感染性物质运输安全及事故应急处置
	腐蚀性物质运输安全及事故应急处置
	爆炸品运输安全及事故应急处置
	剧毒化学品运输安全及事故应急处置

注：带#单元格为装卸管理人员需掌握的知识和能力，带*单元格为押运人员需掌握的知识和能力。

案例 4-1 未取得资质擅自押运危险化学品导致黄磷自燃事故

2005 年 3 月，货运驾驶员钱某驾驶一辆装有 10t 黄磷的货车在公路上行驶时，为避让一只横穿公路的小狗进行了紧急制动。货车上装有黄磷，3 只密封桶里的黄磷由于碰撞、摩擦开始泄漏、燃烧。但钱某并没有意识到可能产生的危险情况，而是继续驾车前行。几分钟后，车辆开始着火，钱某发现后立即下车并报警。又过了几分钟，车辆发生了爆炸，导致驾驶员、前来救援的消防人员、路边群众等 9 人烧伤、64 人灼伤。调查显示，运输车辆没有危险化学品运输资质，属于非法运输。驾驶员也未经过培训，未取得运输危险货物的从业资格证。钱某不清楚黄磷的性质，没有将黄磷浸没于水中或置于充装了惰性气体的容器中运输，酿成了事故。

2）危险货物水路运输从业人员

《危险货物水路运输从业人员考核和从业资格管理规定》对危险货物水路运输从业人员的职业能力和从业条件规定如下。

（1）港口危货储存单位主要安全管理人员指的是从事港口危险货物储存作业的港口经营人的主要负责人和安全生产管理人员。港口危货储存单位主要安全管理人员应当按照《中华人民共和国安全生产法》的规定，经安全生产知识和管理能力考核合格，方可从事相应的作业，具体见表 4-5。

港口危货储存单位主要安全管理人员需掌握的知识① 表4-5

掌握程度	知识类型	
	港口危险货物安全管理相关法律法规知识	港口危险货物安全管理知识
掌握	1.《中华人民共和国安全生产法》； 2.《中华人民共和国港口法》； 3.《危险化学品安全管理条例》； 4.《港口危险货物安全管理规定》； 5.《港口危险货物重大危险源监督管理办法（试行）》； 6.《企业安全生产责任体系五落实五到位规定》； 7.《港口经营管理规定》	1.危险货物装卸安全及事故应急处置； 2.重大危险源的管理与监控方法； 3.危险化学品重大危险源辨识原理与方法
熟悉	1.《中华人民共和国消防法》； 2.《民用爆炸物品安全管理条例》； 3.《烟花爆竹安全管理条例》； 4.《生产安全事故报告和调查处理条例》； 5.《交通运输突发事件应急管理规定》； 6.《企业安全生产应急管理九条规定》	1.危险货物运输包装常识； 2.作业现场危险货物积载与隔离的管理要求； 3.危险货物安全管理应急预案、措施与医疗急救
了解	1.《港口设施保安规则》； 2.《特种设备安全法》； 3.《生产经营单位安全培训规定》； 4.《企业安全生产费用提取和使用管理办法》； 5.《放射性物品运输安全管理条例》	1.港口危险货物作业安全评价导则； 2.危险货物库场管理要求； 3.危险货物分类、品名编号和特性； 4.企业安全生产标准化基本规范； 5.员工安全生产教育与培训的途径和方法

（2）装卸管理人员、申报员、检查员指的是危险化学品港口经营人的装卸管理人员、水路运输企业从事船舶载运危险化学品进出港口申报的人员、水路运输企业从事船舶载运危险化学品集装箱装箱现场检查的人员。这三类人员应当经考核合格，具备相应从业条件，取得相应种类的《危险化学品水路运输从业资格证书》后，方可从事相应的作业，具体见表4-6～表4-8。

---

① 交通运输部水运局.从事港口危险货物储存作业的港口经营人的主要负责人和安全生产管理人员安全生产知识和管理能力考核大纲.2016-7-14.

港口包装危险化学品港口经营人的装卸管理人员需掌握的知识[①] 表4-6

掌握程度	知识类型		
	港口包装危险化学品 安全管理技术	港口包装危险化学品 安全管理知识	港口包装危险化学品 安全管理相关 法律法规知识
掌握	1. 灭火的原理、方法及灭火剂、灭火器种类与选用； 2. 爆炸危险货物的防爆措施及安全处理； 3. 危险货物衬垫、支撑和固定方法及材料的选用； 4. 包装危险货物装卸、储存与应急灭火措施； 5. 危险货物集装箱堆场安全管理要求； 6. 包装危险货物事故应急救援管理要求	1. 危险货物分类、特性及预防措施； 2. 包装危险货物装卸安全事故应急处置； 3. 危险货物运输包装知识	1.《安全生产法》； 2.《危险化学品安全管理条例》； 3.《港口危险货物安全管理规定》
熟悉	1.《危险化学品重大危险源辨识》（GB 18218—2018）； 2. 火灾、燃烧、爆炸的定义、分类及特性； 3. 危险货物集装箱装箱作业安全管理要求； 4.《危险货物集装箱港口作业安全规程》（JT 379—2007）	1. 重大危险源的管理与监控方法； 2. 包装危险货物积载与隔离的管理要求； 3. 包装危险货物安全管理应急预案、措施与医疗急救； 4. 包装危险货物库场管理要求	1.《消防法》； 2.《港口危险货物重大危险源监督管理办法（试行）》
了解	1. 船舶载运危险货物安全管理基础知识； 2.《危险货物道路运输规则》（JT/T 617—2018）； 3.《道路运输危险货物车辆标志》（GB 13392—2005）； 4.《放射性物质安全运输规程》（GB 11806—2019）； 5. 危险货物码头主要设备设施与工艺流程； 6.《海运危险货物集装箱安全技术要求》（GB 40163—2021）	危险化学品安全技术说明书	1.《民用爆炸物品安全管理条例》； 2.《烟花爆竹安全管理条例》； 3.《放射性物品运输安全管理条例》； 4.《生产安全事故报告和调查处理条例》

---

① 交通运输部水运局.危险化学品港口经营人的装卸管理人员从业资格考核大纲.2016-7-14.

港口散装固体危险化学品港口经营人的装卸管理人员需掌握的知识[①] 表 4-7

掌握程度	知识类型		
	港口散装固体危险化学品安全管理技术	港口散装固体危险化学品安全管理知识	港口散装固体危险化学品安全管理相关法律法规知识
掌握	1. 火灾、燃烧、爆炸的定义、分类及特性； 2. 灭火的原理、方法及灭火剂、灭火器种类与选用； 3. 爆炸危险货物的防爆措施及安全处理； 4. 散装固体危险货物定义和危险特性； 5. 散装固体危险货物安全装卸工作要求； 6. 散装固体危险货物事故应急救援管理要求	1. 危险货物分类、特性及预防措施； 2. 散装固体危险货物装卸安全事故应急处置	1.《安全生产法》； 2.《危险化学品安全管理条例》； 3.《港口危险货物安全管理规定》
熟悉	1. 水路运输易流态化固体散装货物安全管理规定； 2. 国际海运固体散装货物规则； 3.《危险化学品重大危险源辨识》(GB 18218—2018)； 4. 散装固体危险货物码头设备设施与工艺流程	1. 重大危险源的管理与监控方法； 2. 散装固体危险货物积载与隔离的管理要求； 3. 散装固体危险货物库场管理要求； 4. 散装固体危险货物安全管理应急预案、措施与医疗急救	1.《消防法》； 2.《港口危险货物重大危险源监督管理办法(试行)》
了解	1. 船舶载运危险货物安全管理基础知识； 2.《危险货物道路运输规则》(JT/T 617—2018)； 3. 道路运输危险货物管理规定	危险化学品安全技术说明书	1.《固体废物污染环境防治法》； 2.《生产安全事故报告和调查处理条例》

---

① 交通运输部水运局. 危险化学品港口经营人的装卸管理人员从业资格考核大纲. 2016-7-14.

港口散装液体危险化学品港口经营人的装卸管理人员需掌握的知识①　　表 4-8

掌握程度	知识类型		
	港口散装液体危险化学品安全管理技术	港口散装液体危险化学品安全管理知识	港口散装液体危险化学品安全管理相关法律法规知识
掌握	1. 灭火的原理、方法及灭火剂、灭火器种类与选用； 2. 爆炸危险货物的防爆措施及安全处理； 3.《油船油码头安全作业规程》（GB 18434—2001）及液化气船液化气码头安全作业知识； 4. 散装液体危险货物作业区域明火作业安全管理要求； 5. 散装液体危险货物作业区域进入受限空间作业安全管理要求； 6. 散装液体危险货物作业区域防雷、防爆、防静电安全管理要求； 7. 散装液体危险货物事故应急救援管理要求； 8. 散装液体货物码头和罐区装卸操作程序	1. 危险货物分类、特性及预防措施； 2. 散装液体危险货物装卸安全事故应急处置	1.《安全生产法》； 2.《危险化学品安全管理条例》； 3.《港口危险货物安全管理规定》
熟悉	1. 火灾、燃烧、爆炸的定义、分类及特性； 2.《危险化学品重大危险源辨识》（GB 18218—2018）； 3. 毒性、聚合的定义、分类及特性； 4.《危险化学品储罐区作业安全通则》（AQ 3018—2008）； 5.《散装液体化工产品港口装卸技术要求》（GB/T 15626—1995）； 6.《油码头安全技术基本要求》（GB 16994—1997）	1. 重大危险源的管理与监控方法； 2. 散装液体危险货物积载与隔离的管理要求； 3. 散装液体危险货物库场管理要求； 4. 散装液体危险货物安全管理应急预案、措施与医疗急救	1.《消防法》； 2.《港口危险货物重大危险源监督管理办法（试行）》

---

① 交通运输部水运局. 危险化学品港口经营人的装卸管理人员从业资格考核大纲. 2016-7-14.

续上表

掌握程度	知识类型		
	港口散装液体危险化学品安全管理技术	港口散装液体危险化学品安全管理知识	港口散装液体危险化学品安全管理相关法律法规知识
了解	1. 船舶载运危险货物安全管理基础知识； 2. 铁路危险货物运输管理暂行规定（铁总运〔2014〕57号）； 3. 道路危险货物运输管理规定； 4. 铁路罐车、汽车罐车基础知识； 5.《港口输油臂》（JT/T 398—2013）； 6.《石油库设计规范》（GB 50074—2014）	危险化学品安全技术说明书	1.《民用爆炸物品安全管理条例》； 2.《生产安全事故报告和调查处理条例》

案例 4-2 天津港"8·12"危险品仓库火灾爆炸事故①

2015 年 8 月 12 日 22 时，位于天津市滨海新区天津港的瑞海公司危险品仓库运抵区发生特别重大火灾爆炸事故。事故造成 165 人遇难，304 幢建筑物、12428 辆商品汽车、7533 个集装箱受损。截至 2015 年 12 月，事故已核定的直接经济损失达 68.66 亿元。爆炸导致的化学品泄漏扩散及产生的污染物对周边环境产生了不同程度的污染（图 4-1）。

事故的直接原因是运抵区集装箱内的硝化棉发生自燃，并引燃邻近的硝酸铵发生爆炸。硝化棉化学性质不稳定，常温下能缓慢分解并放热，升温达到 180℃时能发生自燃。因此，硝化棉通常加乙醇或水作湿润剂。而瑞海公司的装卸作业人员却在硝化棉装箱过程中野蛮操作，导致包装破损、硝化棉散落。硝化棉包装密封性被破坏后，内部的乙醇湿润剂逐渐挥发散失，出现局部干燥。事故当天气温很高（36℃，集装箱内温度可达 65℃），加上硝化棉分解产生大量的热，使得硝化棉达到自燃温度并发生第一次爆炸。而爆炸又进一步引燃了邻近多种危险化学品，形成大面积燃烧。在高温蔓延到硝酸铵附近时，硝酸铵剧烈分解并发生了第二次爆炸。

---

① 国务院天津港"8·12"瑞海公司危险品仓库特别重大火灾爆炸事故调查组. 天津港"8·12"瑞海公司危险品仓库特别重大火灾爆炸事故调查报告[R]. 2016-2-5.

图 4-1　天津港"8·12"爆炸事故现场①

事故暴露出瑞海公司企业负责人、管理人员和作业人员在从事危险货物运输存储作业和经营方面的专业能力缺失。上述人员在从业过程中严重违反了《港口危险货物安全管理规定》(交通运输部令 2012 年第 9 号)、《危险货物集装箱港口作业安全规程》(JT 397—2007)及《集装箱港口装卸作业安全规程》(GB 11602—2007)的规定。事故发生当日,瑞海公司的危险品仓库中共储存了 7 大类 111 种、超过 11300t 的危险货物,包括硝酸铵 800t、硝化棉类 230t。按照规定,硝酸铵应当直装直取,不允许在港内存放。瑞海公司不仅违规大量储存硝酸铵等易爆危险品,还将不同类别的危险货物混存,且存储间距不足,超高堆码现象普遍。作业人员在拆箱、搬运、装卸等作业中也存在严重违反安全规程的行为:在拆装易燃易爆危险货物集装箱时,没有安排专人现场监护,使用普通非防爆叉车;在硝化棉等易燃易爆危险货物的装箱、搬运过程中存在用叉车倾倒货桶、装卸工滚桶码放等野蛮装卸行为。

瑞海公司冒险蛮干问题十分突出,企业负责人、管理人员及操作工、装卸工都不知道运抵区储存的危险货物种类、数量及理化性质。事故当日,消防力量到场之后向现场人员询问情况,现场人员无法提供上述准确信息,特别是没有告诉消防人员运抵区内违规存有大量易燃易爆的硝酸铵。由于指挥员不能对火场的危险情况进行充分评估,导致了参与消防的人员大量伤亡。

3. 公路水运工程专业技术人员

1) 造价工程师

根据《造价工程师职业资格制度规定》,我国将工程造价从业者分为两个水平进行资格评价,即一级造价工程师和二级造价工程师。

---

① 岳月伟.俯瞰天津大爆炸现场[N].新华社,2015-8-13.

成为一级造价工程师,应具备进行建设项目全过程的工程造价管理与咨询的能力,能完成以下工作:(1)项目建议书、可行性研究投资估算与审核,项目评价造价分析;(2)建设工程设计概算、施工预算编制和审核;(3)建设工程招标投标文件工程量和造价的编制与审核;(4)建设工程合同价款、结算价款、竣工决算价款的编制与管理;(5)建设工程审计、仲裁、诉讼、保险中的造价鉴定,工程造价纠纷调解;(6)建设工程计价依据、造价指标的编制与管理。

成为二级造价工程师,应具备独立完成以下工作的能力:(1)建设工程工料分析、计划、组织与成本管理,施工图预算、设计概算编制;(2)建设工程量清单、最高投标限价、投标报价编制;(3)建设工程合同价款、结算价款和竣工决算价款的编制。

2)试验检测师

根据《公路水运工程试验检测专业技术人员职业资格制度规定》,试验检测从业者分为两个水平进行资格评价,即助理试验检测师和试验检测师。

成为公路水运工程助理试验检测师,应当具备的职业能力包括:(1)了解公路水运工程行业管理的法律法规和规章制度,熟悉公路水运工程试验检测管理的规定和试验室管理体系知识;(2)熟悉主要的工程技术标准、规范、规程;掌握所从事试验检测专业方向的试验检测方法和结果判定标准,较好识别和解决试验检测专业工作中的常见问题;(3)独立完成常规性公路水运工程试验检测工作;(4)编制试验检测报告。

成为公路水运工程试验检测师,应当具备的职业能力包括:(1)熟悉公路水运工程行业管理的法律法规、规章制度,工程技术标准、规范和规程;掌握试验检测原理;掌握试验室管理体系知识和所从事试验检测专业方向的试验检测方法和结果判定标准;(2)了解国内外工程试验检测行业的发展趋势,有较强的试验检测专业能力,独立完成较为复杂的试验检测工作和解决突发问题;(3)熟练编制试验检测方案、组织实施试验检测活动、进行试验检测数据分析、编制和审核试验检测报告;(4)指导本专业助理试验检测师工作。

4.安全生产管理人员

施工企业安全生产管理人员包括企业授权的工程项目负责人、具体分管项目安全生产工作的负责人、项目技术负责人;企业或工程项目专职从事安全生产工作的管理人员等。我国《建设工程安全生产管理条例》规定,施工单位的主要负责人、项目负责人、专职安全生产管理人员应当经建设行政主管部门或者其他有关部门考核合格后方可任职。

根据《公路水运工程施工企业主要负责人和安全生产管理人员考核管理办法》,施工企业安全生产管理人员应具备从事安全生产管理工作必要的安全生产知识和管理能力,具体见表4-9。其中,安全生产知识包括:(1)国家或行业安全生产工作的基本方针政策;(2)安全生产方面的法律法规、规章制度和标准规范;(3)安全生产基本理论和管理方法;(4)公路(水运)工程安全生产技术。安全生产管理能力包括:(1)公路(水运)工程安全生产组织管理或执行力;(2)建立和执行安全生产管理制度;(3)发现和消除安全事故隐患;(4)报告和处置生产安全事故。

公路水运工程施工企业安全生产管理人员需掌握的知识和能力[1][2] 表4-9

类别		具体内容
综合知识和能力		公共知识,安全知识,管理知识
		公共基本能力,安全管理行为能力
法律法规及规章规范	安全生产相关法律	《中华人民共和国安全生产法》《中华人民共和国建筑法》《中华人民共和国突发事件应对法》《中华人民共和国特种设备安全法》《中华人民共和国消防法》《中华人民共和国劳动法》《中华人民共和国劳动合同法》《中华人民共和国职业病防治法》《中华人民共和国环境保护法》《中华人民共和国刑法》
		*《中华人民共和国公路法》
		#《中华人民共和国海上交通安全法》
	安全生产相关行政法规	《建设工程安全生产管理条例》《生产安全事故报告和调查处理条例》《安全生产许可证条例》《民用爆炸物品安全管理条例》
		#《内河交通安全管理条例》
	安全生产相关部门规章或制度	《公路水运工程安全生产监督管理办法》《安全生产违法行为行政处罚办法》《生产安全事故罚款处罚规定(试行)》《安全生产领域违法违纪行为政纪处分暂行规定》《水上水下活动通航安全管理规定》《企业安全生产费用提取和使用管理办法》以及近三年安全生产管理新规定
		#《海上航行警告和航行通告管理规定》《海上海事行政处罚规定》《船舶最低安全配员规则》《潜水员管理办法》《潜水员管理办法实施细则》《国际海上人命安全公约》
	安全生产相关技术标准与规范	

---

[1] 交通运输部安全与质量监督管理司.公路工程施工企业主要负责人和安全生产管理人员考核大纲.2016-7-11.

[2] 交通运输部安全与质量监督管理司.水运工程施工企业主要负责人和安全生产管理人员考核大纲.2016-7-11.

续上表

类　别		具体内容
安全生产管理	安全生产管理理论	安全生产管理的相关概念、要素和方针,安全生产管理原理与方法,安全生产管理体系,安全生产风险管理,安全生产应急管理
	安全生产管理职责	从业单位安全生产管理责任,施工企业安全生产管理人员职责
	安全生产管理制度	安全生产责任制,安全生产组织管理、会议、人员考核、教育与培训、费用管理、风险评估和管控、技术交底制度,危险性较大工程专项施工方案审批论证制度,特种设备及作业人员安全管理制度,职业健康安全和劳动防护用品管理制度,生产安全事故隐患排查和治理制度,安全检查制度,生产安全事故应急管理制度,分包单位安全生产管理考评制度,生产安全事故报告及调查处理制度,企业负责人带班生产制度
	施工安全技术准备	施工组织设计,专项施工方案,安全技术交底
	施工现场布设	施工现场总体布置,预制场地,水上临时设施施工驻地设置,安全用电,施工现场消防安全管理
	个体安全防护	个体安全防护的基本规定,安全帽、安全带、救生衣、防护服、防护鞋、防护手套、防护用具
	施工机械设备	*机械设备安全生产管理要求,特种设备安全管理要求,特种设备及专用设备安全防护,常用设备及机具安全防护,机械事故的预防和处理
		#施工机械安全防护,施工船舶安全防护,施工船舶调遣,施工船舶防风
	通用作业	测量作业,模板工程,钢筋工程,混凝土工程,电焊及气焊作业,起重吊装作业,高处作业,水上作业,爆破作业,拆除工程
		#潜水作业,软基处理工程
	专业工程	*路基工程,路面工程,桥涵工程施工,隧道工程,改扩建工程,交通工程
		#预制构件起吊、出运和安装,桩基施工,深基坑支护及开挖,疏浚吹填工程,沉排、铺排及冲沙袋施工,水下爆破施工
	特殊季节与特殊环境施工	冬季、高温、雨季、台风季节、汛期、能见度不良天气及夜间施工的安全控制要求
		*沙漠地区、高海拔施工的安全控制要求
		#无掩护水域施工的安全控制

注:标*单元格为公路工程施工企业安全生产管理人员所需掌握的知识能力,标#单元格为水运工程施工企业安全生产管理人员所需掌握的知识能力。

案例 4-3 冒险施工和盲目救援致作业人员中毒和窒息事故

某道路工程项目进行污水管线顶管作业,在已经顶进多根水泥管时,发现水泥管存在质量问题,项目部决定破管取出,换用新水泥管。作业中,现场安全员发现已顶进水泥管的连接处有裂缝,且有流沙渗漏,便随即向项目负责人张某汇报。张某下令停止施工,但施工现场负责人邓某为加快进度,没有执行停工指令,仍然安排施工人员继续实施破管作业。过程中,已破碎管体部位上方土体发生冒落,3名作业人员被困于管道之内。

事故发生后,邓某赶到现场,因为担心被困人员缺氧,便指挥在场人员向被堵管道内输送工业用氧气(含氧气量约为96%)。结果使被堵管道内形成富氧环境,被困人员头发、衣物等可燃物质在富氧环境中燃烧,导致3名被困作业人员中毒、缺氧窒息死亡。

该事故中,施工现场负责人邓某不具备相关作业和救援知识,使用工业氧气输入密闭空间,直接导致被困人员死亡;在项目部已明确提出停止施工要求的情况下,仍然组织作业人员冒险施工,需对事故负主要责任。项目负责人张某在顶管施工中对作业面未采取土层加固措施、顶管作业施工承包单位负责人于某没有对顶管作业配备必要的安全设备设施和劳动防护用品,也对事故负有责任。

第二节　胜任力与工作匹配

1. 在胜任的领域内从业

从业者应当只从事其胜任的工作,不可接受自己不具备胜任力的工作任务。如果从业者只在工作的某一个类别或领域内具备胜任能力,则只能在该领域内从业,不可跨越类别从事其他种类的工作。例如,取得普通道路货运资质的驾驶员,如果超越资格范围从事危险品运输,就属于超越胜任领域的从业。超越胜任领域从业,实质上等同于不具备胜任能力,容易造成各种安全事故及其他伤害事件的发生。

如果从业者想要在新的领域从业或采用新的技术从事服务,应当事先接受适当的学习、培训、考核等,确保自身具备相应知识和技能。

2. 在资质范围内承揽工程

在交通建设工程中,从业人员不具备完成工作胜任力的情况,往往伴随着所在单位乱挂证或越级承揽工程,建设单位违法发包,以及承包单位违法分包、转包等问题存在。当前,我国的设计勘察、施工、监理公司数量众多,企业之间的竞争日益激烈。不正当的竞争手段,使得当前市场混乱,无证承包、越级承包、转包、违法分包等问题较为严重,大企业的转包挂靠现象也非常严重。[①]许多资质等级低、信誉差的企业为了生存,挂靠在大型企业下,以转包或者违法分包的方式来承揽工程。在以其他企业的名义承接工程后,支付一定的挂靠费用。

无证承包、越级承包、转包、违法分包等活动必然会带来较多的风险。[①]比如从业人员没有接受足够的教育、培训,相关技术匮乏,必然导致工作粗劣、质量低下等。我国法律严格禁止转包、违法分包、以他人名义承揽工程等行为。例如,《建设工程质量管理条例》规定:

(1)从事建设工程勘察、设计的单位应当依法取得相应等级的资质证书,并在其资质等级许可的范围内承揽工程。禁止勘察、设计单位超越其资质等级许可的范围或者以其他勘察、设计单位的名义承揽工程。禁止勘察、设计单位允许其他单位或者个人以本单位的名义承揽工程。勘察、设计单位不得转包或者违法分包所承揽的工程。

(2)施工单位应当依法取得相应等级的资质证书,并在其资质等级许可的范围内承揽工程。禁止施工单位超越本单位资质等级许可的业务范围或者以其他施工单位的名义承揽工程。禁止施工单位允许其他单位或者个人以本单位的名义承揽工程。施工单位不得转包或者违法分包工程。

(3)工程监理单位应当依法取得相应等级的资质证书,并在其资质等级许可的范围内承担工程监理业务。禁止工程监理单位超越本单位资质等级许可的范围或者以其他工程监理单位的名义承担工程监理业务。禁止工程监理单位允许其他单位或者个人以本单位的名义承担工程监理业务。工程监理单位不得转让工程监理业务。

---

① 陈小娟.浅议劳务分包与工程分包的区分及处理[EB/OL]. https://www.chinacourt.org/article/detail/2015/06/id/1648214.shtml. 2015-6-10.

第五章

公平公正

公平或者公正关注人们如何对好处和坏处进行分配。公平原则指的是要根据一个人的应得或义务,给予其公平、平等和恰当的对待。所以,如果一个人应得某些好处而没有得到、或不应承担伤害却被伤害时,就是被不公平地对待了。

公平至少可以包括以下方面:

(1)在处理同时涉及多个利益相关者关系的事件上,平衡各方的利益或风险;

(2)交换公平;

(3)尊重他人合理的、应该获取的权益。

第一节 避免利益冲突

利益冲突,即交通运输从业者在从业过程中,受到关系忠诚、经济或其他利益诱惑的影响,使得职业判断更加不利于雇主或客户。[1] 即当一个人的私人利益,影响到他需要客观履行的职责时,就发生了利益冲突。[2]

从业者受雇于公司,有责任以自己的职业技能作出准确可靠的职业判断,并代表雇主的利益行事。外部的私人利益影响从业者的个人判断,使从业者产生偏向,从而做出不利于公司利益的判断。"利益"是任何影响从业者职业判断的因素,比如权势地位、利害关系、情感因素以及冲突中的其他特征。[3]

利益冲突的几种常见的情形有:

---

[1] 哈里斯,普理查德,雷宾斯,詹姆斯,英格尔哈特. 工程伦理:概念和案例(第五版)[M]. 丛杭青,沈琪,魏丽娜,等译. 杭州:浙江大学出版社,2018.

[2] 李世新. 工程伦理学概论[M]. 北京:中国社会科学出版社,2008:165.

[3] 丛杭青,潘磊. 工程中利益冲突问题研究[J]. 伦理学研究,2006(6):48-52.

(1)送礼或收礼；
(2)行贿或受贿；
(3)在与自己的雇主有竞争关系或其他业务关系的公司里有利益往来；
(4)利用职位权力、内部信息为自己或亲友谋利。①

例如，工程师甲正在设计一条道路，他与一家设备制造公司的销售员熟悉多年，他从这家公司预订了好几套设备。这些设备质量尚好，但其他厂家生产的一些更新颖的、更富有创意的设备实际上更好一些，但甲还是从他的朋友那里订货。这种做法反映出甲实际上没有发挥最佳的、无偏见的专业判断，来为雇主或客户谋取利益。在这种情况下，甲的判断是不可靠的。②

雇主或客户给从业者支付工资、雇佣他们，就是看中他们的专业技能和无偏见的专业判断。从业者应忠实于雇主或客户的最佳利益，并在从业活动和决策中考虑公众的安全、健康和福利，保持雇主、客户和公众的信任。利益冲突可能影响职业判断，削弱公众对职业服务客观性和可靠性的信心。此外，在商业事务中，利益冲突破坏了市场竞争的秩序，威胁了企业之间的公平、自由竞争。例如，贿赂会导致不是根据最低成本和最好的工作质量来分派工程合同。③

利益冲突影响到从业者的职业判断，这种获得外部利益的可能性会使其无法履行对公司或公众应负的责任，可能会损害到公司或公众的利益。如果从业者意识到利益冲突的存在，却没有及时地告知当事方(雇主、客户以及公众)，那么这种行为就出卖了他们的信任。出卖雇主或客户以及公众的信任，追逐个人利益，进而损害整个公司或社会公众的利益，这种行为是为道德所不能接受的。④

处理利益冲突的问题时，我们应该遵循下述的原则来选择最为合适的方式，即什么对于保持雇主、客户与公众的信任是必需的，以及什么对于保持职业判断的客观性是必需的。解决利益冲突的方式，可以是回避性的行为，比如：
(1)拒绝承包商、供应商等业务相关方赠送的礼物；
(2)放弃在供应商等处持有的股份；
(3)不参与对与自己有利益关系的承包商的评估。④

回避利益冲突的行为就是放弃产生冲突的利益。如果利益冲突不能避免，那么，从业者则应当主动向有关各方公布利益冲突的情况，由雇主或客户决定

---

① 李世新.工程伦理学概论[M].北京:中国社会科学出版社,2008:166.
② 李世新.工程伦理学概论[M].北京:中国社会科学出版社,2008:140.
③ 李世新.工程伦理学概论[M].北京:中国社会科学出版社,2008:166-167.
④ 丛杭青,潘磊.工程中利益冲突问题研究[J].伦理学研究,2006(6):48-52.

是否继续由该人承担相关工作。① 告知相关方是尊重利益相关方知情同意权的行为,让他们可以衡量利益冲突的可能后果,并自主选择是找其他从业者来代替,还是选择接受利益冲突带来的风险。

某些利益冲突被认为是不可避免的。并非所有的利益冲突都是不道德的,甚至还有一些是可以接受的。例如,有这样的一个案例:工程师乙受聘于政府,从事一项高速公路支路的可行性研究。而政府考虑建设的支路邻近于乙所居住的社区。得知支路的目标位置以后,乙向政府完整地公布了潜在的冲突。而政府在了解情况之后并没有拒绝乙从事这项工作。乙继续进行这项可行性研究,最终得出可行性成立的结论,建议可以建造这条支路。于是,政府建造了这条高速公路的支路。②

应当注意的是,从业者有义务保护和促进客户、雇主或公众的利益,仅限于道德上合理的利益。一个雇主或客户可能通过违法的或不道德的活动来实现的利益,但从业者没有职责服务或保护这种利益。相反,从业者有责任向相关机构揭发这种利益。③

总之,为避免利益冲突造成的伦理问题,从业者应当独立自主地开展工作,公平处理项目参与各方的权益和冲突,协调处理好实施过程中可能产生的一切潜在的利益冲突。不行贿受贿,不接受业主所支付的酬金以外的任何报酬以及任何回扣、提成、津贴或其他间接报酬,不接受可能导致判断不公的报酬,不与相关方存在任何可能影响服务公正性的隶属关系或利害关系。

我国工程建设相关法律法规中,也有相关禁止利益冲突的规定。例如《公路水运工程试验检测管理办法》中规定:"检测人员不得同时受聘于两家以上检测机构,不得借工作之便推销建设材料、构配件和设备"。

第二节 利益分配公正

1. 知情同意与公众参与

工程带来的不仅是利益和好处,还有代价和风险。

但是,什么是可接受的风险?谁来确定这种风险?对第一个问题的回答,在很大程度上影响到对第二个问题的回答。工程师们乐于采用功利主义的方

---

① 李世新.工程伦理学概论[M].北京:中国社会科学出版社,2008:169.
② 丛杭青,潘磊.工程中利益冲突问题研究[J].伦理学研究,2006(6):48-52.
③ 李世新.工程伦理学概论[M].北京:中国社会科学出版社,2008:167-168.

法,即采用成本—效益分析,或是风险—效益分析。如果潜在的收益超过了潜在的危害,那么这种风险就是可接受的。因为他们认为公众通常是非理性的,对风险缺乏认识,所以科学家和工程师倾向于由他们来确定风险是否是可接受的。① 然而对于一般公众而言,他们会更在意风险和损失是自己主动承担的还是别人强加的,利益和风险的分配是不是不公平的。②

所有的工程规范都把安全置于优先考虑的位置上,都要求工程师必须把公众的安全、健康和福利放在首位。米切姆在分析工程师的社会责任时曾指出,单单提工程师应该"把公众的安全、健康和福利放在首位"还不够,因为它忽略了公众参与决策方面的内容。事实上,工程师完全可能以一种家长式的方式作出关于技术问题的决策。工程师可能认为一般老百姓对现代工程的技术细节一窍不通,只有受过严格技术教育的工程专家才能了解工程的技术性能、经济效果和社会意义,所以,只有他们自己拥有工程的决策权。③

知情同意存在两个方面的要求:信息和同意。为了满足第一个标准,用户必须被告知项目的性质和可能的后果,与项目有关的风险,项目的业主是谁,以及实现这个项目的方法等。为了达到第二个标准,用户必须是自由地,在没有任何欺骗、胁迫、暴力或强迫的因素下做出他们的同意。在满足第一个标准方面,工程师具有很大的责任。③

参与解决问题的公众至少应当包括受到工程技术直接影响的那部分人。

然而,公众不是专家,他们能进行合理的判断吗?答案是肯定的。公众可以从工程师的解释中获得对技术问题的理解,从管理者那里得到对管理问题的认识。

工程师应当向用户及公众披露他们作为理性人想要了解的信息,帮助公众了解影响公共福利的任何技术细节的含义,以便使他们能够就是否选用工程师或公司提供的服务、是否按工程师所推荐的方式行事等问题做出自由选择。②

对工程师而言,诉诸公众可以使他在冲突中采取较为强硬的立场,因为多数情况下那样只是增加一些成本,却有可能避免灾难性的后果。这样,工程决策的合理性可以建立在社会民主的基础上。④

---

① 丛杭青.工程伦理学的现状和展望[J].华中科技大学学报(社会科学版),2006,20(4):76-81.
② 李世新.工程伦理学概论[M].北京:中国社会科学出版社,2008:122.
③ 李世新.工程伦理学概论[M].北京:中国社会科学出版社,2008:121.
④ 丛杭青,王华平.工程决定还是管理决定?[C].中国工程院工程科技论坛暨第一次全国工程哲学会议浙江大学参会代表论文集.2004.

2. 考虑不同的利益相关者

工程设计过程与现实世界是分离的，设计工程师的工作过程更多依赖于技术标准，这可能使工程师在设计过程中缺少一些对社会责任的感知。① 为此，工程伦理学家米切姆提出了"考虑周全的义务"，强调工程师在设计中应该要尽可能多地考虑所有可能的影响因素，特别是需要详细考虑一些技术实现以外的因素，如工程的环境影响、工程对所有使用者的影响等。

考虑周全的义务，意在使设计者减少因为考虑范围不周全而导致工程建成后的负面影响——尽管这些设计缺陷是设计者无意中造成的。在本书第三章第一节中，我们曾提到过工程师有积极思考、预防潜在伤害的义务，这代表了"考虑周全"的一个重要的方面。

但是，除了减少伤害、预防风险外，设计者同样也需要将不同工程使用者利益分配的公平考虑在内。比如，需考虑以下问题：道路设计是否偏向机动车驾驶者，却可能给同样使用该道路的非机动车使用者和行人带来更多的风险？又或者，市政道路的设计是否只考虑了普通的出行者，而没有考虑残疾人、推婴儿车出行等特殊人群的出行方便？

一项好的工程设计，应该对各方利益相关者是平等的。一些容易被忽视的弱势群体，不应该被排除在考虑之外。

案例 5-1 A 市道路设计的公平考虑问题

A 市某区的市政道路虽然有盲道，但是盲道只是与路面平行，在商场、超市、医院等一些重要场所，并没有专门的引导，盲人也无法通过盲道前往这些地方。盲人市民李先生说："我一般是不走盲道的，我所认识的盲人朋友也基本不会去走。盲道基本不能引导我们找到正确的目的地。"许多盲道在上下台阶处没有任何可识别的设计，"这样对于盲人来说很容易发生意外。"

A 市道路的坡道设计对需要乘坐轮椅出行的市民同样不友好。一些坡道宽度设计不合理，坐轮椅行动的人不能顺利通行；一些缘石的坡道高度过高，乘坐轮椅的市民通过时只能借助他人的帮助。

第三节 交换公平

保证服务和收费之间的交换对等，又称为"交换公平"，是公平原则在商业

---

① 朱勤. 米切姆工程设计伦理思想评析[J]. 道德与文明, 2009(01):88-92.

经营中的体现。例如,如果某物的价格是 10 元,并且我同意按这一价格购买,那么我就应该付给卖主 10 元。如果我提供了价值 1800 元的服务,并遵守交易合同,那么我就有权利索取 1800 元。这些例子说明商品或服务可与某种报酬进行严格而公平的"交换"。① 而如果向对方索取了 1800 元,事实上提供的商品或服务只值 100 元,这就是对于交易公平的违背。而这种行为除了违反市场经济的公平秩序,还极有可能伴随着欺骗、欺诈,违反了诚实信用的道德要求。

1. 合理收费

根据交换公平原则,从业者应当对自己所提供的服务进行合理收费。违背这一原则的常见现象是出租车违规多收费问题。

案例 5-2 出租汽车驾驶员绕路违规收费遭处罚

外地乘客小李从火车站乘坐出租车到距离不远的一个地点。虽然不熟悉路,但通过手机地图软件可以知道到目的地的路程大约是 5km。车辆在路上行驶得很顺利,没有遇上任何拥堵。到了目的地后,出租车驾驶员指着显示为 82 元的计价器,说去掉零头收费 80 元。小李觉得这么短的路程收费 80 元非常不合理,因此拒绝支付车费,与出租车驾驶员争执起来。小李拿出手机软件指出驾驶员绕路的事实,一番讨价还价之后,两人最后商定小李支付车费 40 元。然而,小李并不是愿意忍受不公平对待的人,他记下了出租车的车牌号进行投诉。当地客运管理部门在调查证明情况属实后,对该出租车驾驶员作出了罚款 1000 元的处罚。

驾驶培训学校经营者、教练员也应保证所提供的培训服务与收费对等。《机动车驾驶员培训管理规定》第二十九条规定:"机动车驾驶员培训实行学时制,按照学时合理收取费用"。驾校经营者和教练员也应当向学员提供其购买的等价服务。

教练员不可通过各种手段缩短培训时间或降低教学质量,如迟出车、早收车,中途故意长时间停车休息、办私事,或以擦车、打水等各种理由占用学员训练学时等。这些行为侵犯了学员应有的权利,让学员觉得所交学费不值。教练员如因不得已的个人原因使学员学时受损,应该向学员解释并道歉,并在事后及时补上相应的培训时间。

驾校经营者只能对实际发生的服务进行收费。在学员退学时,应当将还未发生部分的费用全数退给学员,不得借故不退或私吞学费。

---

① 蒂洛,克拉斯曼.伦理学与生活(第 9 版)[M].程立显,刘建,等译.北京:世界图书出版公司北京公司,2008:330.

2. 服务与收费对等

例如,在同一线路上,直达客运班车比普通客运班车停靠站点少,或中途不停直达终点。因为在途时间缩短,直达客运班车票价也较普通客运班车更高。直达客运班车驾驶员应当按规定的路线、站点行驶和停靠。如果在路途中间上下客、停车等候,从而增加在途时间,则使得乘客没有享受到购买直达客运车票所应得的服务。

3. 不利用岗位权力谋私利

在交通运输行业中,有一些职业与其他职业相比具有特殊性:这些职业会赋予从业者某种程度的支配力量。教练员就是这样一种职业。一方面,教练员和学员之间存在着明显的信息和权力的不对称:教练员不仅掌握学员想要学习的驾驶知识、技能,而且还掌握着学员学习内容、方式、时间、进度等许多方面的决策权。另一方面,教练员通常独立带学员,这意味着他们总是与学员直接接触,甚至有许多与学员单独相处的机会。上述原因使得教练员不仅通过岗位获得了一定的权力,而且他们往往可以很轻易地使用这些权力剥削学员,从而达到个人目的。

与学员建立不平等的、剥削性质的关系是伤害的一种典型类型。关于这一问题,教练员们首先应当明白,如今驾培行业早已不同于过去"师傅带徒弟"的传统关系,学员已经花钱购买培训服务,没有义务再去满足教练员任何无关于教学的个人需求,因此教练员不应当再沿袭过去的陋习。而目前一些驾校主张的"朋友式教学"也并不代表教练员可以跟学员讲人情关系,礼尚往来而互不客气。教练员与学员的关系,本质上是平等的商业关系。任何对学员的不平等剥削行为都是不道德的。

"追求自身利益"这件事本身在道德上并不是错误的。但是,建立在伤害他人基础之上的获利却是不正当的。不幸的是,许多教练员都或多或少地曾经使用过不正当的手段获利:他们通过对预约课时早晚、训练时间长短、讲授内容多少以及训练质量好坏等差别对待,来迫使学员向他们送钱送物(在实行自主约考以前,拖延考生的考试报名时间也是一种常见的手段)。上述这些行为还有个更通俗的名称——"吃拿卡要",案例 5-3 就是一种常见的"吃拿卡要"的形式。

这一类不道德行为的本质是,教练员不执行原本应当履行的职业义务,反而将它们作为一种"增值服务""VIP 服务"向学员收费。教练员在做出这类不道德行为时,一般会同时违反多个道德原则,最常同时违反的是诚实原则、责任原则和尊重原则:在学员报名时,教练员会隐瞒之后的恶意对待和变相收费,甚至给出许多虚假承诺;在学员拒绝各种额外收费时,教练员就不履行义务,把培养学员驾驶能力的责任和保障道路交通安全的责任视若无物;教练员同时还会侵犯学员自主选择上课和考试时间的权利。

"吃拿卡要"一直是驾驶教练员最饱受诟病的问题,也是最影响驾校口碑和驾培行业形象的问题。它侵犯了学员的权益,给学员造成了损失,是对学员的伤害。同时,它还与许多其他方面的问题,如培训质量、驾驶安全、对学员的尊重等有关。因此,一名有道德的教练员应当非常谨慎地对待这一问题,绝对不通过驾驶培训工作为自己获取任何额外的钱财、物品以及宴请。

需要强调的是,对于学员出于感恩或其他目的主动给予的财物,教练员同样不能收取。一方面,教练员通过教学使学员掌握驾驶技能、拿到驾驶证本是职业义务;另一方面,学员究竟是自愿还是迫于压力向教练赠送钱物,常常难以鉴别。禁止教练员收取来自学员出于任何意图的财物,是为了防止一些教练员以更隐蔽的方式向学员施压,然后以学员自愿的名义收受财物;同时,这也是为了防止向教练员赠送财物成为学员中一种默认的习俗,使得原本不愿送礼的学员蒙受损失。

案例 5-3 教练"吃拿卡要",要求加钱练车①

打开某驾校的官方网站,驾校明确承诺:教练员带教中耐心细致,用语文明,严禁训斥、讽刺、挖苦学员;教练员不得以任何理由向学员索要钱、物。但实际情况如何呢? 学员杜先生苦笑道,"承诺都是空头支票,烟我已经给教练3盒了。"

"现在的教练都精着呢,相对以前有所收敛,但他们有的是招儿。"杜先生说,除了以恶劣态度提示外,还会说以前某学员很懂事,给他送了什么,约车快,考试也快。"这不明摆着要嘛! 而且,不招待好教练,就等着教练偷工耗时吧,跟你耗够4个小时就行了,哪管你真正开了多久。"

一些教练"吃拿卡要"还衍生出一种奇怪的现象:某些商贩跟随销售。在练习路考的公路段,总是有几个蹲点的小贩。当教练说"靠边停车"时,这些小贩就骑着电动三轮车飞奔过来,顺着车窗递来一盒烟,"给教练买盒烟吧,教练喜欢这烟。"而教练在一旁却默不作声,这种情况下既尴尬又无奈,"你说这能不买吗?"

教练员不可滥用岗位权力,与学员建立任何不对等的、具有剥削性质的关系。除了杜绝通过"吃拿卡要"接受钱财、物品、宴请、娱乐消费外,教练员也不

---

① 黄庆畅,申相磊.驾校乱象让人烦[N].人民日报,2014-07-30 (19).

能以培训时间、质量和通过考试为要挟,强迫学员满足自己的其他个人愿望,例如强迫学员与自己约会、进行性骚扰、强迫进行商业合作或差遣学员为自己办事等。

一旦教练员关注了自己的需求和利益,并利用学员满足自己的需求,伤害就有可能发生。即使有些时候教练员没有表现出"强迫学员"的行为,但是学员也会因为忌惮教练员的权力,担心拒绝后教练会在之后的驾驶培训中对自己不利,而答应满足教练的个人需求。由于学员没有义务满足教练员的个人愿望,因此,即使不是要挟强迫,教练员也不可要求或请求学员满足自己的个人需求。教练员应当在驾驶培训过程中,始终保持与学员之间服务关系的纯粹性。

第四节 避免歧视

交通运输从业者应当公平地对待顾客,不可因年龄、性别、民族、宗教、性取向、社会地位等个人差异而产生歧视。

案例 5-4 因春运客流增加,半价儿童遭拒载①

李先生全家打算一起坐长途车回老家过年,按照身高,他们给两个孩子各买了一张半价票。谁知上车时,客车驾驶员却不让其中一个孩子上车。"按身高买了半价票,但司机就不让我们全上。"李先生说。客运驾驶员称,一家人只能有一张半价票,两个半价儿童只能有一个上车,李先生只好将一个孩子托付给老乡。

该车的客运驾驶员是胡师傅,他承包了该线路的长途运营客车经营。对李先生的抱怨,胡师傅解释说:"春运期间,携带儿童的乘客多了,有时候一车出现十几张半价儿童票。半价票多了,利润就少了。"客运站负责人则表示,半价儿童票的出售必须依照国家规定,客运站不能拒绝出售。尽管在春运期间,半价票过多会给长途客车带来营运压力,也不能随意超载、拒载。

上面的案例是客运驾驶员从业中的一种歧视现象,违反了公平原则。对于每名购票的乘客,驾驶员都应当尊重他们的乘车权利。我国《道路运输价格管理规定》中也规定,对于持残疾军人证、伤残人民警察证以及儿童身高在 1.2~1.5m 之间购买半价票的乘客,客运驾驶员无正当理由不得拒载。

---

① 许灵敏.春运期间半价票没补贴 客运司机不得拒载[N].台州晚报,2015-2-14.

案例 5-5　中老年学车受歧视①②

中年人王女士刚刚拿到驾照,她感叹说:"中老年人学车简直就是个噩梦,你得随时准备自尊心被打入十八层地狱。学车的那几个月你会一直活在'绝望'之中,得时时面对教练的责骂。"面对这一现象,一位教练员透露:"一般中老年学员学车比较慢,教起来比较困难。如果考试通不过,教练算白忙活,还影响收入。有些教练就采用歧视的方法,迫使这些学员打退堂鼓。看到做得不好的,就狠狠批评,一般学员受不了气,很快就对学车没积极性了。时间长了,最后自己就不愿来学了,这样反而中了这些教练的圈套。"

上面的案例是教练员从业中一种常见的歧视。拒绝、讥讽、辱骂、躲避或是无视年长的学员,不仅对他们不公平,也违反了善意原则。尽管老年人学习新事物的能力不如年轻人,但学习驾驶和获得尊重都是他们的基本权利。

事实上,不仅是老年人,只要是符合公安部对于机动车驾驶证申请条件规定的人员,就有申请驾驶证的权利。因此,教练员应当平等尊重每一位学员参加驾驶培训的权利,不因为年龄、性别、民族、宗教、性取向、社会地位等个体差异而拒绝他们参加培训。教练员也应当与学员保持平等的服务教学关系,并对所有学员一视同仁,确保每一位学员都能获得均等的培训时间和条件、接受相同质量的培训、受到同等的尊重。

---

① 赵小月. 宁德市中老年人学车疑遭遇年龄性别歧视[N]. 宁德晚报,2012-3-14.
② 李敏娜. 青岛驾校黑幕调查 不少教练骂人是因为不想教[N]. 半岛都市报,2012-6-26.

第六章

诚实正直

第一节 诚　　实

诚实原则指的是全面、准确地传达相关信息的义务，它要求从业者尊重雇主、客户、利益相关者等对相关信息的知情权，保证他们充分、完整地获知正确的信息。

有时，我们为了自己的经济利益而说谎；有时，我们则出于"好意"，为了帮助其他人免于伤害或痛苦而说谎。为了个人利益而说谎，是一种控制他人的形式。这种做法蔑视了他人根据完全的、准确的信息自行作出事关他们行动的决定的权利。说谎表现了对他人的不尊重，剥夺了他人的自由。可见，诚实的本质是尊重他人。[①]

不诚实有各种不同的表现形式，例如：

(1) 说谎，即为了欺骗的目的，而向他人提供虚假的或引起误解的信息。

(2) 蓄意欺骗，有意地制造假象。比如一个工程师为了打动客户，在讨论技术问题时，装出他掌握很多专业知识和技能的样子，但实际上他并不掌握这些知识和技能。这样的行为就是蓄意欺骗——尽管这个工程师并没有说谎。

(3) 压制信息。故意忽略或压制信息是另一种不诚实的形式。如果某人在向上司推荐某一项目时，故意不提及这个项目的负面效应，那么他就是在进行欺骗——尽管这个人也没有说谎。如果一名工程师在所推荐产品的制造厂中有股份，或存在其他可能影响他倾向性的利益关系，而这名工程师不向公司报告这些情况，也是压制信息的一种表现。如果一个人没有传递听者所合理期望了解到的信息，则这种隐瞒是为了欺骗，那么这个人的表现就是一种不诚实的形式。[②]

[①] 李世新.工程伦理学概论[M].北京：中国社会科学出版社，2008：133.
[②] 李世新.工程伦理学概论[M].北京：中国社会科学出版社，2008：136-141.

第二节　不蓄意欺骗

案例6-1　私自卖货,货运驾驶员涉嫌合同诈骗①

托运人叶某与货运驾驶员黄某达成运输协议,约定由黄某驾驶货车运输价值约7万余元的水果交付至客户手中。次日,黄某在电话里对托运人叶某称,自己驾乘的货车在高速公路上发生了交通事故,无法将货物运输到目的地,此后黄某拒绝与托运人联系。黄某在谎称货车肇事后,私自将货物运往老家,并将贱卖水果所得的2万余元据为己有。一个月后,警方在黄某运输货物的途中将其抓获。法院认为,黄某以非法占有为目的,在合同履行过程中骗取他人钱财,其行为构成了合同诈骗罪。

案例6-2　鼓吹保过骗取钱财,教练受罚②

某驾校学员刘某在预约科目三考试后,因担心无法顺利通过考试,轻信了其教练员肖某所说的"可以花钱保过"的谎言,交给肖某2800元。于是,肖某通过安全员段某,采用非正当途径在排队取号仪上为学员取得了考试当天的第1号叫号单。以安排学员第一个参加考试,来制造可帮其通过考试的假象。考场负责人在发现学员刘某考试安排顺序异常后,对刘某的考试全程进行了重点监控,但并未发现考试员给予考生任何暗示或帮助。通过进一步调查取证,交警掌握了教练员肖某利用学员急于取得机动车驾驶证的心理,以花钱包过考试为名骗取学员钱财的违纪事实。最终,交警驾管科给予教练员所在驾校一票否决、排名末位的处罚,责令教练员向学员退还其骗取的"了难费",并责成驾校对违纪教练员、安全员给予辞退处理。

案例6-3　维修经营者利用客户车辆进行保险欺诈③

车主小胡将自己被剐蹭的车送到修理厂做喷漆。几天后,他去修理厂提车,发现划痕虽然修好了,但是车门却关不严,且汽车右侧车头灯也像是旧灯。修理厂的员工告诉他,喷漆不花钱,修理厂已经帮他走了保险,费用由保险公司出。小胡感觉事有蹊跷,便到保险公司调出了这次修车的车辆定损单和照片。在照片上,小胡惊讶地看到自己的车和一辆宝马车撞在一起,宝马车车头受损,自己的车车身变形、车前灯受损。小胡意识到自己的车可能被无良厂家用作了

---

①　陈兆永.私自贱卖货主7万蜜柚 无信司机涉嫌合同诈骗[N].农民日报,2017-1-6(08).
②　长沙市交警支队驾管科.关于交通驾校教练员、湘麓驾校工作人员企图骗取学员钱财的情况通报[EB/OL].2015-7-13.
③　车辆送修后"被撞",你可知道你的爱车都经历了什么?[N]央视新闻,2018-9-26.

保险诈骗,便向公安机关报了案。警方调查发现,照片上宝马车的车主正是这家维修厂的老板,他先是将自己宝马车上的好零件拆下来装上旧零件,再用小胡的车制造剐蹭事故,来骗取保险赔偿,赚取维修差价。事故中损坏的旧件和小胡的车维修使用的旧件成本加起来不到 3500 元,定损时,保险公司却按照原厂价格进行了定损,给两辆车共赔付了将近 2 万元。

图 6-1 为央视新闻报道截图。

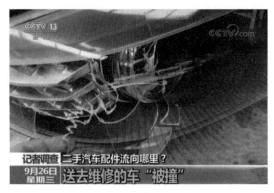

图 6-1　央视新闻报道截图

第三节　保障知情权

消费者拥有对所购买的服务的知情权。知情权是消费者知悉所购买的商品和服务真实情况的权利。保证消费者充分、及时地获知关于商品或服务的完整、正确的信息,是从业者的义务。事先不告知或不完全告知(部分隐瞒)与收费、商品、服务有关的信息,是对消费者知情权的侵犯。

例如,驾校学员作为消费者,有知悉其所购买服务的真实情况的权利。这些情况包括了学员在购买或接受服务过程中,与其进行选择、判断有关的所有信息。因此,在学员报名前,驾校相关人员应向学员提供关于培训的内容、方式、费用的详细说明。未告知、不完全告知和虚假告知都是对学员知情权的侵害。

其中,对于费用组成结构、收费标准、费用收取方式进行全面、真实的说明尤为重要。许多驾校经营者或教练员善用模糊混淆"报名费"与"培训费"的方法,通过低价吸引学员,再在后续过程中收取额外的费用;或是声称"费用包干",却以较差的服务逼迫学员后续交费。这些"低进高出"的花样,利用的都是学员的不知情。

驾驶培训收费应该由基础费用、资料费、学员实际培训学时费用、补考费构成。应在学员报名前,对学员缴纳费用所购买的服务做出说明。分服务等级培训的,则要对不同等级所提供的服务条件提前说明。不可在培训开始后,再以场地费、练车费、预约费、课时费、油费、空调费等额外的、不合理的"收费名目"私自收费。而所谓打卡费、打点费等,以及以代刷学时、帮助作弊、保过考试等名头收取甚至是骗取的费用,更是非法的。

对于在进行招生宣传时所承诺的服务,比如接送学车、自主预约学时、一对一服务等,是影响学员最终选择报名的因素。无论是出于尊重学员、保持信任还是基于双方的服务契约关系,教练员和驾校经营者都应当如实相关履行承诺。

第四节 从业活动中的诚实

1. 广告宣传中的诚实

应始终根据事实和证据诚实地做广告。做广告时不说实话会造成危害,因为连续说谎或不诚实,将破坏人际关系中的互相信任和依赖。做广告时必须既不说谎,又不隐瞒重要事实,不对产品或服务做错误宣传。

合乎道德的广告,必须首先是诚实的。企业不可对产品和服务做虚假或夸大宣传。一切宣传都应有公众易于得到的真凭实据。

当宣传的服务和产品与实际不一致时,就发生了欺骗,其包括:完全虚假或部分虚假的广告;夸大功能、效果和质量;通过影射、暗示等对受众进行误导;由模糊、含混、不明确的信息使受众产生误解等。[①]

从业人员应当避免虚假宣传,在用于公开宣传的材料中应当如实提供自己的履历。在与潜在的消费者交流时,应如实地介绍自己所在的机构、服务类型、资质、能力、经验经历和成绩,不能提供虚假头衔、资质,不得夸大自己的经历和水平。

从业人员对于所在企业的宣传也应当客观、真实,不可夸大企业的规模资质、业绩水平,虚构不存在的服务内容或项目,对实际达不到的服务标准做虚假承诺,对服务结果做任何空头保证,或是故意误导消费者,使之对收费标准产生

---

① 李世新.工程伦理学概论[M].北京:中国社会科学出版社,2008:153-155.

错误理解。

1)驾驶员

驾驶员应当在宣传、洽商中,如实向乘客、托运人提供服务和收费信息。驾驶员不可通过欺骗手段,如虚假承诺、谎报低价等手段招揽乘客、货物,再在运输过程中以各种名目向乘客、托运人索取额外费用。

案例 6-4 货运驾驶员以货要挟,半路抬价①

2013年11月,某物流公司准备将一批钢结构货物运输至港口,于是找来12名货运驾驶员,以230元/t的运费签订了货物运输合同,每辆大货车实载约35t货物,运费共9.6万元。然而在货物将运至目的地时,这些货运驾驶员却打电话给物流公司,要求多加9.6万元运费,否则到港口拒不卸货。物流公司工作人员连夜赶至港口与几位货运驾驶员协商。为了不影响货物出口,最终物流公司只好额外支付了8.4万元。事后,物流公司向警方报案,警方认为几位驾驶员以货物对物流公司实施威胁,并索取8万余元非法所得,数额较大,其行为已构成敲诈勒索罪。

2)教练员

为了在生源争夺之中占得一席之地,许多驾校也会在广告或宣传中包含虚假信息,如使用"包教包会""30天保过""速成班""一对一服务"等噱头、提供虚假的通过率数据、以"低价"报名误导受众等方式来吸引生源。这些虚假宣传中所声称的培训质量、规模和标准与驾校实际并不相符,所承诺的服务也不能兑现,而且带有强烈的欺骗性目的。

2. 学术活动中的诚实

学者丛杭青和顾萍总结了12类学术不端行为及其表现。② 交通运输从业者在进行学术相关工作时应当禁止。

(1)剽窃、抄袭和侵占他人学术成果。其表现为以下类型:

①不注明出处,故意将已发表或他人未发表的全部或部分学术成果作为自己的研究成果发表;

②以翻译、直接改写的方式,将外文作品作为自己作品的内容予以发表,并不注明出处;

③将他人的学术观点、学术思想或调查结果冒充为自己原创;

④包含或引用本人已发表的论文或已获立项的项目申请书的理论、试验数

---

① 张扬,卢贻斌.湖北石首货车司机运输途中加价被逮捕[N].湖北日报(荆楚网),2013-11-14.
② 丛杭青,顾萍.学术不端行为的种类与特征[J].长沙理工大学学报(社会科学版),2018(1):31-35.

据、调研数据、学术论文或成果,却不加以注释或说明;

⑤故意省略引用他人成果的事实,使人们误将其作品视为原创作品;

⑥未经授权,将审阅稿件、项目申请书获取的信息、他人未公开的作品或研究计划据为己有、私自发表或透露给第三方;

⑦未经导师或项目负责人许可,将集体研究成果私自发表。

(2)篡改。其包括以下行为类型:

①篡改自己或他人的研究成果或引用的资料;

②篡改试验记录和图片,破坏原始数据的完整性,片面选取符合自己设想的研究结果,舍弃与设想矛盾的研究结果等。

(3)伪造。其包括以下行为类型:

①伪造试验数据(未做试验,捏造数据)、资料、文献、注释,或者捏造事实、编造虚假研究成果;

②未经实验或论证,主观臆造学术结论;

③参与他人的学术造假活动及对他人揭发、查处学术不端行为进行打击报复。

(4)不当署名。其包括以下行为类型:

①未参加研究或创作而在研究成果、学术论文上署名;

②未经他人许可而不当使用他人署名;

③虚构合作者共同署名;

④多人共同完成研究而在成果中未注明或不正确注明他人的工作、贡献;

⑤在科研成果署名位次上高于自己的实际贡献;

⑥未经被署名人允许,随意代签、冒签。

(5)提供虚假学术信息。其包括以下行为类型:

①在申报课题、成果、奖励和职务评审评定、申请学位的过程中,提供虚假论文发表证明;

②编造学术经历、学术成果、学术荣誉向研究资助人谎报研究结果等弄虚作假行为;

③采取伪造或涂改等手段制作推荐信、鉴定意见、评阅意见、成绩单等有关个人学术情况的证明材料。

(6)买卖代写论文。其包括买卖论文、由他人代写论文、为他人代写论文、组织他人代写论文等。

(7)重复发表、一稿多投。其包括以下行为类型:

①将同一研究成果向多个刊物投稿;

②对首次发表的内容补充数据不足59%,或没有事先征得首次发表和再次

发表论文的期刊同意,并明显标注首次发表学术论文的出处,在学术期刊上再次发表;

③在国内期刊上用中文发表的研究论文,没有征得首次发表和再次发表论文的期刊同意,并在再次发表论文中明显标注首次发表论文的出处,在国际外文学术期刊上发表;

④用不同文字再次发表同一篇文章;

⑤对首次用于申报项目的项目申请书的内容补充数据不足50%,再次用于其他项目申请。

(8)滥用学术权利和信誉。其包括以下行为类型:

①在学术活动过程中夸大或贬低成果的科技含量、经济价值和社会影响;

②未按照有关规定或学科管理条例经过有关专家严格论证,或未经相关组织的学术论证,擅自通过新闻媒体不恰当地发布研究成果,谋取个人或单位的不正当利益;

③鉴定专家、评审人员、同行利用职务便利或学术地位、学术评议评审权力在参与各种推荐、鉴定、答辩、项目评审、机构评估、出版物或研究报告审阅、奖项评定时,未诚信履责,作出不正确、不客观或不公正的评价;

④擅自公布应经而未经学术同行评议或有关机构鉴定的研究成果。

(9)学术泄密。其表现为违反国家有关保密的法律、法规或学校有关保密的规定,泄露单位、集体和他人应保密的专有信息、学术成果或技术秘密。

(10)妨碍学术信息。其包括以下行为类型:

①故意透露、藏匿、隐瞒重要科研成果或科学发现;

②不如实披露自己所发表的学术科研成果已知的瑕疵、缺陷或副作用;

③以不正当行为封锁资料、信息,妨碍正常的学术交流。

(11)实验违规。其包括以下行为类型:

①违反实验操作规定,故意损坏实验器材或原料;

②私自将危险性实验用品带出实验室,违反实验安全的行为;

③违反使用危险化学物、放射性物质安全管理规定。

(12)妨碍他人。其包括以下行为类型:

①故意毁坏或扣压他人研究活动所必需的仪器设备、文献资料以及其他与科研有关的财物;

②故意拖延对他人项目或成果的审查、评价时间,或提出无法证明的论断;

③对竞争项目或结果的审查设置障碍。

3.招投标活动中的诚实

工程的招投标活动要遵守诚实的要求。例如,在工程投标过程中,不能为了承揽到合同而瞒报工程概算,虚报自己的施工能力,承诺不能兑现的目标。在招标过程中,应凭技术、工程和管理的实力竞争,不能搞贿赂、拉关系、做幕后交易。我国的工程事故或是被揭露的劣质工程,在招标中大多都发生过各种不诚实的现象。例如重庆綦江彩虹桥垮塌事件,造成事故的一个重要原因就是有人收受贿赂,干预正常的建筑招标,致使施工质量大打折扣。①

我国《招标投标法》第三十二条规定:"投标人不得相互串通投标报价,不得排挤其他投标人的公平竞争,损害招标人或者其他投标人的合法权益。投标人不得与招标人串通投标,损害国家利益、社会公共利益或者他人的合法权益。禁止投标人以向招标人或者评标委员会成员行贿的手段谋取中标。"第三十三条规定:"投标人不得以低于成本的报价竞标,也不得以他人名义投标或者以其他方式弄虚作假,骗取中标。"

案例6-5　串通投标造豆腐渣工程②

八所中心渔港工程是海南省"十一五"规划重点建设项目(图6-2)。渔港在2007年10月正式开工,2011年9月工程内容全部完成,总投资5570余万元。然而截至2013年,项目仍未通过整体验收移交给海洋渔业主管部门使用。2013年4月,海南省审计厅发布审计报告,指出工程"在建设管理、工程质量、工程竣工验收、工程结算上存在重大问题,导致渔港成为一个'废港',国家财产受到损失"。

图6-2　八所中心渔港防波堤③

八所中心渔港的命运在招标阶段就已经被左右:有关各方均涉嫌交互违规

---

① 李世新.工程伦理学概论[M].北京:中国社会科学出版社,2008:152-153.
② 任明超.海南东方市花近4千万建了一个"废港"[N].中国青年报,2013-5-14 (5).
③ 中国青年报记者 任明超/图。

串通投标。

首先是投标人之间的相互串通：一标段共有 5 家投标单位递交投标保证金，审计发现，中标公司与另一家投标公司领回及递交投标保证金的均为同一人；三标段的 4 家投标单位均由同一人递交投标保证金。

其次是工程施工投标人与招标人之间相互串通招标：二标段 5 家投标单位的保证金在开标前仍未缴纳，直至投标结束后才由中标单位补交投标保证金。

工程监理投标人之间也存在串通投标。根据项目监理招标文件要求，凡参加监理投标的单位须提交监理近 3 年完成的主要业绩及证明材料。在评分表中，未中标单位在占评分比重最大（占 45%）的监理业绩部分均得 0 分，而中标单位得分则为满分 45 分。进一步的审计调查表明，未中标的两家公司都有大量符合得分标准的监理业绩，却在投标时未申报，投标文件与资格预审情况不相符，3 家投标单位涉嫌串通投标。

而从串通投标开始衍生出来的一系列触目惊心的问题，最终将八所中心渔港造就成一个彻头彻尾的豆腐渣工程：

港池航道疏浚工程不合格，导致渔港无法投入使用。扫海测量发现，港池航道疏浚工程航道口处存在大量浅点，未达到航道设计要求高程，最浅处比设计要求少了 68%，且浅点为成片的海滩岩，范围较广，严重影响港口航道使用。同时，港池的停泊水域及中部水域均有大量成片浅点未达设计高程，影响渔船停泊及通航。

防波堤工程不合格，偷工减料严重。防波堤的胸墙混凝土强度大幅度低于设计强度；检测点平均厚度仅达到设计厚度的 47%；堤头不仅偷工减料，还改变了结构形式，设计要求整体现浇混凝土，施工者却改为内部用片石，仅在外层浇注混凝土；防波堤的内侧护面厚度同样未按设计施工，偷工减料严重，护面砌体厚度平均比设计厚度少 46%。

监理人员也根本没有履行应有的质量监督义务，而是与施工单位相互勾结，弄虚作假。在施工的开始阶段，监理人员对大量明显偷工减料的违规行为不加以制止；在施工的整个过程中，监理应该遵循的规范形同虚设，部分关键工程资料记录缺失；在施工结束后，监理在施工单位提交的竣工图上签字确认，使其顺利通过验收。

渔港的建设不仅被大规模偷工减料，而且现场实际完成的建设内容也比批复的概算大幅减少。缩减的建设内容涉及工程造价共计 2711 万元，占原有概算工程费用的 54%，这说明一半以上经过批准的建设项目都没有建。而已经完成的投资不仅多花了钱还偷工减料，项目总投资超概算 839 万元，超概比率达 30%。

第七章

与客户的关系

第一节 尊重人的基本权利和尊严

伦理要求所有人必须尊重他人的基本需求和基本权利。

这些需求和权利之所以是"基本"的,是因为它们来源于人们最普遍的想法和愿望,比如:所有人都希望得到尊敬、保持尊严不受到侮辱;希望能够根据自己的想法行事、有自主决定的自由;希望能不被打扰、接触或窥视,保持个人的隐私界限不受侵犯。这些愿望是人们共同的需要,因此也就成为人的基本权利。

1. 尊重客户的尊严

案例 7-1 驾校教练员责骂学员现象普遍①

驾驶培训过程中,教练员呵斥甚至辱骂学员的现象屡见不鲜。"经常挨师傅骂。"一名学员说。在练习倒桩过程中,只要一撞杆、压线,教练员马上就会大声呵斥:"你怎么这么笨啊?一个简单动作怎么都学不会。"学员说,当着那么多同学的面被骂,自己觉得很没面子,时间长了,见到教练员就感到自卑,平时有空都"懒"得去学车。另一名学员表示,自己花钱来学车,却经常挨骂,由于害怕得罪了教练员,之后学习时会更"受罪",她只好忍气吞声。

尊严代表了基于人的自我或个体性的最基本需求:"人的尊严是一种权利,即不被侮辱"。② 保持自我的内在价值不受侮辱是人们的共同需求,而为了维持自己的个人尊严,我们需要使相互尊重成为人们之间的一条默认契约。因此,避免他人尊严受到伤害,是人们应当共同遵守的一项道德要求。

交通运输从业者在与客户打交道时,应该尊重他们的人格尊严。比如,驾驶员应当耐心理智地与乘客交流,尊重乘客的人格尊严。驾驶员不可辱骂乘

---

① 梁圣嵩,黄伟清,周晶晶.驾校教练训斥责骂学员现象普遍.南京日报,2006-9-19.
② 甘绍平.(2008).作为一项权利的人的尊严.哲学研究(6):85-92.

客,或用不耐烦、不理睬的语气和态度。遇到乘客不熟悉运营程序,如未将行李摆放好、未按号就坐等,应当心平气和地提醒。乘客前来问询时,应当耐心解释。乘客对运输服务提出质疑时,应当倾听、解释和回应。如果因为特殊情况导致车辆不能准时到达目的地,或是乘客提出的不合理要求不能满足时,应向乘客充分解释并表达歉意,尽量避免与乘客发生冲突。如果因乘客无理致使双方产生纠纷的,应该按照法律或企业相关规定处理。

驾驶培训教练员在与学员的互动中,也不可有任何不尊重学员人格尊严的行为,如:侮辱学员人格、打击学员自尊、影响学员情绪,以及说出或做出让学员感到不适的语言或举动。教练员应当尊重学员的人格和尊严。在讲解示范和指导学员操作时,遇到学员不理解或犯错误的情况,不可有不耐烦、不屑或不予理睬等不礼貌的语调或态度;不可侮辱学员的人格和智商,不得使用"蠢""笨""傻"等不当的甚至粗俗的言辞辱骂学员。不可威胁、恐吓学员,更不可对学员进行体罚。

教练员应当充分尊重学员持有与自己不同价值观、态度和信仰的权利。不可因年龄、性别、民族、宗教信仰、性取向、社会地位以及性格、学识、爱好、思想观点等个人差异,而对学员进行嘲笑、侮辱、漫骂、戏弄或折磨,公开或私下发表侮辱性的言论。不可对学员开具有冒犯性质的玩笑,不可主动询问学员的个人隐私,不可谈论让学员觉得不适或感到被冒犯的话题,也不可对学员的个人生活评头论足。

2. 尊重客户的自主权

"自主"在希腊文中的字面意思为"自我管辖"。该词最初起源于希腊城邦自治,字面意思是"一个城市能够颁布、施行自己的法律"。后来,这个概念被延伸到人身上——个体自治,也就是个体做出自己的选择,自己实施自己的行为。①

自主权指的是人们拥有按照自己独立的想法和意愿,自己做决策和采取行动而不被他人干涉的权利。"只要一个人的想法和行动不产生危害,别人就应该尊重他们自由决定的权利。"尊重自主原则产生的第一条基本义务,是人们不能对他人的选择进行控制和限制,也不能在未经授权的情况下替他人做决策。

除了不干涉、不控制客户的自主选择权外,从业者还有提高客户自主选择的能力的义务。这是因为在做出决策时,许多客户由于对相关信息的情况了解不足,导致他们不知道有哪些选择,或是每个选择意味着什么、可能产生什么影

---

① 丛杭青,王晓梅.何谓 Autonomy?[J].哲学研究,2013(1):108-115.

响,也即缺乏自主选择的能力。因此,尊重客户自主权的前提条件是:从业者需要充分向客户提供与做决定有关的信息。

对于教练员而言,尊重自主原则首先应当保证学员合理的自主决策的权利,比如自主选择培训时间、自主预约考试时间、自主选择教练以及培训中途退学退款的权利,不可限制或侵犯学员的选择权,或干涉学员的选择。学员在完成大纲规定的基本学时后,依法拥有自主预约考试的权利,教练员可向学员提出考试时间地点选择的客观的建议,但不可强制学员按教练所希望的时间或方式预约考试。

如果培训过程对学员的自主权有限制,如学员不可选择教练、培训时间、培训方式、付费方式、考试时间等,或是选择范围有限,教练员应当在学员报名前就进行说明。

如果教练员希望按自己的想法给学员做决策,如决定培训时间、考试时间等,则应当符合以下两个条件之一:(1)教练员要获得学员同意他们代理进行决策的授权;(2)将与选择有关的情况对学员进行客观详细的说明,并获得学员同意(也即获得"知情同意")。

另一方面,学员的自主选择中,只有合理合法的选择才受到自主权的保护。学员提出的诸如不按大纲教学、代刷学时、帮忙作弊、私家车无证培训等不合理、不合法的要求不应被满足。

案例 7-2 教练强制学员练车时间[①]

某驾校的学员小周说,自己遇到的这个教练十分霸道:只能在教练规定的时间来练车,如果要按自己的时间练车,还要加收3000多元升级为VIP。"我明明已经交了学费,为什么后面还要收钱?其他的驾校,多数都是想什么时候去就什么时候去,去了才算学时打卡,而我们学习就要完全看教练时间。"小周说,周末教练一般只有半天在,平时都是周一到周五上课,"他还要求大家每天必须去,我这种没有工作的还好,其他很多学员都反映,平时上班根本来不了,但是他不管,说来不了就不要学了。"如果有学员周一到周五不去上课,不仅要被这位教练责骂,而且学时照样扣。

3. 尊重客户的隐私权

隐私权是对他人不想被打扰、接触或窥视的意愿的尊重。姓名、照片、肖像、电话、住址、通信等信息属于学员的个人隐私,人们对于这些自身的信息保有控制权。交通运输从业者获取客户的个人信息和资料档案,仅可用于正当的

---

① 郝树静.驾校交费项目太多 重庆女子学车像掉进了无底洞[N].都市热报,2017-7-19.

工作目的。信息本身仍然受到保护,从业者无权再将这些信息透露给他人。如果从业者未经客户的同意就泄露了受保护的个人信息,则是对他人信息保密权的侵犯。例如,教练员应当妥善保管任何与学员个人隐私信息有关的档案、文件、语音、视频等资料,不可因疏于管理导致学员隐私信息泄露,更不可在未经学员同意的情况下,向他人透露学员的隐私信息,或在网络上发布可能泄露学员隐私的消息。

案例 7-3 教练随意扔弃学员旧档案①

一对保安父子在马路上捡到一个透明的档案袋。打开一看,里面竟有 20 份驾校学员的档案,上面不光有学员的照片、联系方式、家庭住址,还有身份证复印件等信息,他们立马意识到这是一份重要的资料:"丢了这么重要的东西,失主该有多急啊。"在按照档案上的联系方式连打了几个电话都无人接听后,他们联系了媒体帮忙寻找失主。

媒体记者和民警几经周旋,终于联系上了档案所属的驾校。"那些已经没用了",教练说。原来,那份档案 3 年前"遗失",当时驾校已经为学员补办了新的材料,学员也都顺利拿到了驾驶证。前几天,教练在整理车辆后备厢时,又发现了这份旧档案,因为已经没用了,所以就随手扔在了马路上。

即使在学员拿到驾驶证、双方驾驶培训合同解除后,教练员的保密义务仍然存在。在案例 7-3 中,教练员不经处理便直接丢弃学员的档案,可能导致学员个人信息泄露,成为某些不法分子作案的渠道,轻则学员遇上广告骚扰,重则可能危害到学员的生命或财产安全。而随意泄露学员信息的教练员,也可能会面临处罚或诉讼。

第二节 不伤害和有利他人

不伤害和有利他人,意味着从业者应当心怀正直,保证自己的工作行为始终是道德上正确和正当的。

"伤害"指的是侵犯或妨碍他人的正当权益,不伤害原则表明从业者不能做出伤害或侵犯他人正当利益的行为(即"不作恶"或"不施害于人")。这里的"伤害"一词包含了广阔的概念:它既包括身体和健康方面的伤害,如造成残障、疾病或疼痛等;也包含了对他人财产、隐私、名誉等其他权利的伤害;还包含对人心理方面的伤害,如精神状态和情绪的伤害。同时,它也包括了各种对他人

---

① 张晓明. 驾校教练扔弃学员档案 保安父子捡到四处寻主[N]. 泉州晚报,2014-6-10.

不利的程度,从轻微的伤害,比如引起他人的不适、羞辱、烦恼,到非常严重的伤害,比如剥夺生命。①

伤害的造成可能是有意的,也可能是无意的。有意的伤害毫无疑问是恶劣的。而无意造成的伤害大多数时候也难辞其咎:在当事人对伤害负有因果责任的时候,他们也要受到道德的谴责甚至是法律的惩罚。这意味着根据在不伤害原则下,对风险负有因果责任的人必须对可能产生伤害的情况进行合理的、充分的评估,并提供适当、充分的防护措施以防止无意伤害的发生。例如,尽管货运驾驶员没有故意伤人的意图,但在经过村庄和学校路段时,他们也必须减速让行并警惕行人的经过,以防止事故的发生,否则即是违反不伤害原则的。

在第二章中我们强调,身体的伤害(包括疼痛、残障和死亡)是典型的伤害形式,是需要严格避免的。尊重生命是所有道德考虑的首要原则,人的生命权和健康权具有至高无上的地位。由于前文对这方面内容已有足够阐述,本节将不再赘述。本节我们主要讨论伤害他人人身和财产权利的不道德行为。

1. 不侵犯客户权益

交通运输从业者不可侵犯客户的人身权利。比如,教练员在从业中应当与客户保持正当的接触。除了训练中遇到紧急情况以外,应尽量避免与学员产生任何身体接触;不可通过挑逗性的语言、展示淫秽材料等方式对学员进行性暗示。

客户的物品属于客户个人的合法财产,对于客户遗落的物品,从业人员有代为保管并归还的义务。拒不归还、据为己有是自私的不道德行为,是对他人财产权的侵犯。《中华人民共和国刑法》第二百七十条规定,将他人的遗忘物非法占为己有,数额较大,拒不交出的,构成侵占罪。

案例 7-4 捡到手机拒归还,出租车驾驶员被辞退

乘客小杜在乘坐出租车时不慎将手机遗落在出租车上。在联系到出租车驾驶员后,驾驶员却向她索要 3000 元作为归还手机的条件。这位驾驶员还回复小杜说:"我找我朋友作为乘客坐在车上把手机捡走了,你就算调监控也没用。我把手机卖了也可以得 3000 元。"随后,小杜向警方报案,并在警察的帮助下拿回了手机。出租车公司收到举报后也表示,将辞退并不再录用该驾驶员。

2. 服务客户利益

"有利"是义务性的道德要求。有利原则需要从业者采取行动去帮助他人,包括:(1)尽力防止不利事件或伤害的发生(去恶或去害);(2)履行必要的、能

---

① 比切姆,邱卓思. 生命医学伦理原则[M]. 李伦,等译. 北京:北京大学出版社,2014:114.

够增进服务对象福利的职业责任(行善或增利)。

有利原则与不伤害原则的差别在于,不伤害原则要求人们不做可能伤害他人的行为,而有利原则要求人们主动采取行动去帮助他人。需要注意的是,我们在这里说的"有利",指的是基于服务契约的角色义务所规定的"义务性有利",它不超过职业义务的范围(例如,义务性有利并不要求教练员为他们的学员垫付学费,尽管这可能对学员是有利的)。义务性有利是一个职业对其从业者角色义务隐含的规定,即"服务客户的最大利益"——主动通过自己的专业知识和技能评估各种服务方案,选择最好的、最有利于客户的方案并积极实施。

例如,驾驶员应当充分考虑乘客的感受和需求,尽量在职责范围内向乘客提供良好的服务。首先,驾驶员应该考虑到乘客乘车的舒适度。在行车和停车过程中,尽量减少车辆运动带来的不适感。在遇到道路上有凹凸沟槽时,应当减速缓慢通过,防止车辆颠簸;停车时应提前减速,缓慢转动方向盘,使乘客在停车过程中无离心感。车厢内的温度、气味和噪声等也是影响乘客舒适度的因素。驾驶员应创造良好的车内环境,保证车内整洁、安静、无异味,车内温度应保持在舒适的范围。

驾驶员应帮助携带大件行李的乘客搬运、安放行李,帮助老年人、带孩子的乘客落座。中途到站时,驾驶员要及时多次报站,防止乘客坐过站;乘客离车时,要提醒他们携带行李物品,不要遗落。

客运途中如果乘客出现病痛,驾驶员应尽快安全停车、探查乘客病情,运用相关的急救知识帮助乘客。如果遇到乘客有生命危险,应当立即拨打急救电话,或视情况将乘客送往就近医院救治,并向其他乘客做好解释,取得大家谅解。

第八章

与雇主和同行的关系

第一节 组织忠诚

1. 服务雇主利益

许多工程职业伦理要求从业者作为雇主、客户的"忠实的代理人或受托人",以专业的方式对待雇主或客户。这意味着从业者应当在交换公平和合理合法的基础上,尽力为雇主或客户提供最好的服务,帮助他们做出最好的决策。

2. 带批判的忠诚

工程伦理学家哈里斯认为,可以区分出两种忠诚的概念:

(1)不加批判的忠诚:将雇主利益置于任何考虑之上。也就是对雇主的绝对效忠,对管理者的行为不能有任何的批判和疑虑。

(2)批评的忠诚:对雇主的利益予以应有的尊重,而这仅在对雇员个人的和职业伦理的约束下才是可能的。批评的忠诚是一种试图满足个人、职业伦理和对雇主忠诚三个方面的折中方式。这种忠诚易被那些有社会责任感的工程师所接受。

诚然,雇员应该对雇主忠诚,但是忠诚的前提是不能损害公众的健康和职业的准则。这就意味着,工程师在履行忠诚义务时,必须牢记自己的职业责任,不能不顾良知的忠诚。许多雇员在与管理者的决策发生冲突时,首先考虑到的是忠诚,考虑到自己的升迁和利益问题,但是违背良知和执业准则的忠诚是盲目、愚昧的。作为工程师,在面临抉择的时候,必须把公众的安全、健康和福利放在首要位置。工程师做出的决策应当是科学的,并且应符合工程伦理准则,对得起自己的良知。[①]

---

① 冯英.工程实践中的伦理问题研究[D].中原工学院,2014.

在美国，新型汽车发动机上市由企业自行进行可靠性试验，并将测验结果报环境保护署申请批准。福特公司的测试工程师在部门领导的授意下，测试时弄虚作假。事情败露后，福特公司只好撤回四项主要的发动机机型认证，且公司被罚款700万美元，还在报纸的头版上被曝光，其公众形象受到极大损害。

这个例子说明了职业责任与对公司或雇主忠诚之间的关系：工程师不能将对公司或雇主的忠诚等同于仅仅服从其上司的命令。对于实现公司利益而言，按照对公众负责的职业标准去做，而不是受忠诚限制去做不道德行为，可能使公司受益更多。①

3. 举报是不忠诚吗？

举报指的是雇员将雇主（所在单位）的不道德或违反相关规定的活动向有关部门告发，从而制止这些活动或使其得到制裁的行为。② 从词源学的角度来考察，"whistle-blowing"一词最开始用来指当运动员在比赛中犯规时，裁判以吹口哨中止比赛的方式对此行为予以制止，并给予相应处罚的行为。

举报是能够自我辩护的。举报者的动机不是为了自己的私人利益，并且举报者掌握了充足的证据，能够对自己的行为进行自我辩护。

对于举报这一行为，不少人认为它违反了工程师对雇主忠诚的承诺，会给组织造成巨大的损失。因此，举报涉及的一个突出的伦理问题就是：举报是否是工程师对雇主的背叛？

举报问题的这一矛盾，来源于不同利益相关方对工程师的不同期望。刘洪和丛杭青分析了从不同视角看待这一问题的观点：③

（1）从雇主及管理者的视角来看：作为雇主，他们首先是一个商业组织，这就决定了谋求利润最大化是其首要的诉求。因此，雇主最乐意见到的是工程师对自己绝对地忠诚。在他们看来，工程师的唯一使命就是使用手中的技术为自己谋取最大的利益。至于工程是否会对社会、对环境造成危害，则不是他们所最关心的。

作为管理者，他们认为工程师应当扮演雇主看门人的角色。在他们看来，对同事和上司的忠诚是最基本的品德。而对上司忠诚便是为雇主带来尽可能大的经济利益。至于道德问题则是其次的，仅仅当这些道德问题会对公司的经济利益产生影响时，它们才会成为他们的关注点。在这样的价值观的支配下，公司的管理者最希望看到的是自己的下属对自己命令的绝对服从，在他们看

---

① 李世新.工程伦理学概论[M].北京：中国社会科学出版社，2008：206.
② 刘洪，丛杭青.举报与忠诚[C].工程伦理学学术会议.2007.
③ 刘洪，丛杭青.举报与忠诚[C].工程伦理学学术会议.2007.

来,这才符合一名忠诚员工的品德要求。因此无论是雇主,还是管理者,他们都希望工程师对组织不加批判地忠诚。显然,当举报发生后,在他们看来,举报的行为完全是对组织的一种不忠,举报者就是组织的叛徒。

(2)从举报者的视角看来:首先,他也认可要对组织忠诚的义务,但他坚信这种忠诚是有所限制的。在工程师看来,自己除了是一名雇员外,还是一名职业人员。作为职业人员,则对社会、对公众负有责任。对雇主的忠诚、对职业的责任和对社会、公众的责任同样重要。基于这样的观点,他坚信举报是正确的。

(3)从举报者的同事的角度来看,举报者是组织的"异端分子"。因为举报行为既没有阻止危害(大多数举报只是一种事后举报),反而导致组织的盈利和自己的福利受到影响,结果是竞争对手坐收渔翁之利。

(4)最后,从社会和公众的视角来看:作为公众,尽管他们需要工程产品来改善自己的生活,但他们最关心的还是自己的安全、健康能否免于受到技术风险的伤害。但在今天这样一个高科技社会,公众不具备这种预见能力,因此,他们特别地依赖职业人员,希望通过职业人员的专业知识使自己所面临的风险降到最低程度。因此,尽管举报者的举报是事后举报,但也是必要的。

马丁和辛津格认为,举报"不是医治组织的最好方法,它仅仅是最后的手段"。在进行揭发行为之前,工程师最好采取以下行为:

(1)除紧急情况外,首先通过正常的公司内部渠道反映情况和意见;
(2)在发现问题时迅速反映意见;
(3)以尽量明智、体贴的方式反映意见;
(4)通过正式文件或非正式谈话,让管理者知道自己的意见;
(5)观察和陈述要准确,保存好记录相关事件的正式文件;
(6)向同事征询意见避免被孤立;
(7)征询所在职业学会或协会的意见;
(8)就潜在的法律问题征询律师的意见。[①]

一个举报者之所以愿意冒着风险选择举报,是由于他意识到了自己所肩负的社会责任。站在公众的立场上,合理的举报体现了工程师对社会的忠诚。很多时候,举报其实是举报者的无奈之举。[②] 举报者在举报之前,其实已经竭尽所能,穷尽了各种组织所认可的途径,但组织对他的警告完全漠视,最后则只好选择举报。举报行为的真正受害者其实是举报者本人。举报者不仅要遭到同事的疏远,有时还要受到雇主的报复。举报行为会使得举报者的事业、前途和经

---

① 马丁,辛津格.工程伦理学[M].李世新,译.北京:首都师范大学出版社,2010:194.
② 李正风,丛杭青,王前.工程伦理[M].北京:清华大学出版社,2016:125.

济利益受损,同时也会带来精神上的创伤。对任何一位做了组织多年忠诚雇员的人来说,举报组织是一件相当痛苦的事。① 举报服从于组织的长远利益,它可以使组织中存在的一些潜在问题尽早得到解决,避免组织遭受更大的损失。

第二节 工程师与管理者的决策冲突

1. 谁应当做决定?

虽然工程师职业伦理强调工程师在公共安全和可持续发展方面的伦理责任,旨在通过增强工程师的道德敏感性规范行业风气,避免消极后果的发生。但因为事实上,大部分工程师在决策过程中不具有重要地位,作为公司雇员,工程师大多没有自主决定的权利。因此,职业伦理也时常会让工程师自身产生伦理责任的困境:想要履行职业、社会和环境责任,但没有相应的职业权力。② 本节我们则进行关于工程伦理学中工程师履行道德义务所需的必要权力的讨论。

工程师和管理者之间的矛盾和冲突源于不同的观点视角:管理者代表的是商业视角,而工程师代表的是工程视角。工程和商业各自有属于自己的特定价值目标和行为规范。德国技术哲学家伦克指出:工程的价值是技术可行性、安全导向、功能和运行情况、技术方案的完整;而商业的价值是盈利性、可市场性、时机、投资能力。③

工程师和管理者的观点立场不同,是因为二者的职责不同。工程师的主要职责是使用他们的技术知识和技能来创造有价值的产品。因此,工程师对质量和安全问题有一种特别的关注。管理者则更多把自己看成组织的看门人,主要关心组织当前和将来的生存状况。这使得管理者更倾向于将所有相关因素列举出来,然后在它们之间进行平衡并得出一个结论,而不是根据职业实践和标准来思考问题。尽管工程师在某些程度上也愿意在安全、质量因素与其他因素之间谋求平衡,但是,在与管理者的磋商中,他们更倾向于认为,他们拥有一种坚持安全和质量标准的特殊义务。④

---

① 刘洪,丛杭青.举报与忠诚[C].工程伦理学学术会议.2007.
② 万舒全,文成伟.欧美工程伦理研究的三条进路及启示[J].科学技术哲学研究,2018,35(06):62-66.
③ 李世新.工程伦理学概论[M].北京:中国社会科学出版社,2008:173-174.
④ 丛杭青,王华平.工程决定还是管理决定?[C].中国工程院工程科技论坛暨第一次全国工程哲学会议浙江大学参会代表论文集.2004.

一些经济学家认为,工程师与管理者之间的冲突是资本主义系统固有的结构性问题。市场经济中,公司是引入新技术的主要建制,它感兴趣的是经济利益。公司的管理者是投资方的代理人,他们在做决定时主要考虑的是经济预算、竞争能力等组织性问题,这与工程师以诸如材料的物理特性等技术作为出发点形成鲜明对比。工程师与管理者的职业利益不同,使得他们成为同一组织中两个范式不同的共同体,并由此引发他们在工程问题上的冲突。①

工程师既有履行职业责任和保护公众福祉的义务,也有对雇主忠诚的义务。在工程职业上看来正确的意见和建议,如果被管理者否决了,工程师应该怎么办?在什么情况下,工程师应该坚持自己的主张?什么时候应当以管理者的意见为主?

哈里斯区分了两类决策:典型的工程决定和典型的管理决定。②

(1) 典型的工程决定:这种决定应当由工程师作出,或在决定时以职业工程实践的考虑因素为主。因为它具备以下两个特征:

① 涉及需要工程职业知识的技术事项;

② 要求工程师保护公众的健康和安全。

(2) 典型的管理决定:这种决定应当由管理者作出,或在决定时以管理方面的考虑因素为主。因为它具备以下两个特征:

① 涉及与组织福利有关的因素,如成本、工期、市场营销、员工士气和福利等;

② 不会强迫工程师(或其他职业人员)作出有悖于技术实践或伦理标准的不可接受的让步。

典型的工程决策见表8-1。

典型的工程决策　　　　　　　　　　表8-1

特　　征	典型的管理决策	判　　断	典型的工程决策
技术知识	不需要	——————×	需要
安全	不重要	——————×	重要
成本	重要	——————×	不重要
时间安排	重要	——————×	不重要
市场营销	重要	——————×	不重要

---

① 丛杭青,王华平.工程决定还是管理决定?[C].中国工程院工程科技论坛暨第一次全国工程哲学会议浙江大学参会代表论文集.2004.

② 哈里斯,普理查德,雷宾斯,詹姆斯,英格尔哈特.工程伦理:概念和案例(第五版)[M].丛杭青,沈琪,魏丽娜,等译.杭州:浙江大学出版社,2018.

典型的管理决策见表 8-2。

典型的管理决策　　　　　　　　　表 8-2

特　　征	典型的管理决策	判　　断	典型的工程决策
技术知识	不需要	×———	需要
安全	不重要	×———	重要
成本	重要	×———	不重要
时间安排	重要	×———	不重要
市场营销	重要	×———	不重要

许多案例是处于这两种典型决策之间的。因此,工程师需要把具体的情境与两种典型的决策类型进行比较(表 8-3),以厘清情境的特征究竟更加适用于哪种决策。例如,施工现场租用机械设备时,有两家公司的两种设备可供选择。A 设备比较新(稳定性及安全性更高),但价格更贵。B 设备相对陈旧,但价格便宜,且到位时间更短。可靠性和安全性是工程考虑,但是,成本、计划和市场营销则是典型的管理考虑。这种情况下,租用哪一种设备是一个工程决策还是一个管理决策? 这一问题需要综合考虑情境在各个特征上的偏向,以及特征的权重。

两种典型的决策类型对比表　　　　　　　　　表 8-3

特　　征	典型的管理决策	判　　断	典型的工程决策
技术知识	不需要	———×—	需要
安全	不重要	———×—	重要
成本	重要	—×———	不重要
时间安排	重要	——×——	不重要
市场营销	重要	——×——	不重要

工程决定和管理决定的区分是依据在决策过程中占支配地位的实践标准作出的。而且,当两种标准处于实质性的冲突时,尤其是在事关安全和质量的问题上,管理标准不应该超越工程标准。合法的管理决定不能强迫工程师和其他职业人员违反法律法规、职业实践和伦理标准。

然而,实际情况是,管理者通常拥有支配工程师的权力,因此工程师的主张并不总是可以无碍地得到执行。再者,工程与技术充满了不确定性,工程师对技术后果的预测并不总是那么确定。如果工程师在技术性问题上拿不出确切的证据,或者在工程师之间存在着不一致的意见,那么工程考虑因素就不容易得到重视,从而削弱了工程决定的力量。[①]

[①] 丛杭青,王华平. 工程决定还是管理决定? [C]. 中国工程院工程科技论坛暨第一次全国工程哲学会议浙江大学参会代表论文集. 2004.

虽然工程师在工程实践中起到核心作用,但工程师又属于组织、团队等复杂关系网络中的一部分,在这种情况下,工程师很难依靠自身的力量来解决所面临的一些道德挑战,而且这也不是最好的解决问题的方法。为了实现工程的安全目标,需要在不同层次、不同时间点和不同讨论会上开展新的对话并努力促进共识的形成,在充分考虑各方的责任和相互承诺的基础上,积极扩展民主参与的渠道。①

迈克尔·戴维斯对工程共同体集体责任的实现也进行了积极探索,他认为工程伦理问题产生的一个重要原因就是工程师和管理者之间沟通的断裂,致使工程师在工程实践中发现的一些负面信息无法迅速、全面地传递到管理层,或者这种负面信息的反馈没有成为组织的常规工作而受到管理者的忽视和排斥,从而为工程实践埋下了隐患。对此,戴维斯给出了九条建议:

(1)公司应尽可能弱化工程师与管理者的区分;

(2)应该鼓励工程师报告坏消息;

(3)公司应经常检查管理者和工程师的关系中是否有出现问题的迹象;

(4)公司应该鼓励工程师和管理者非正式地邀请其他专家参与,来解决技术分歧;

(5)公司应寻求正式的程序,可使坏消息及时暴露出来,否则坏消息将被疏漏;

(6)公司不必期望一部普通的伦理章程会对工程决定有多大的影响;

(7)公司应努力改进他们对待坏消息的方式;

(8)工程技术课程应该包含更多关于工程成本、生产能力以及其他的商业考量;

(9)应该训练工程师,使他们的建议起到作用。②

2. 决定受到否决怎么办?

虽然许多工程伦理学家呼吁分离管理和技术决策,但在大多数工程组织中,工程师还是处于服从命令的地位。尽管不具有实质决策权力,但是工程师依然可以在有限的范围内履行道德义务,例如:尽力影响决策走向。美国土木工程师协会伦理章程中有这样一条:"在可能危及公众的安全、健康和福利,或者不符合可持续发展的情况下,工程师的职业判断受到否决,那么他们应将可能出现的后果告知客户或雇主。"③

---

① Basart J M, Serra M. Engineering ethics beyond engineers' ethics. [J]. Science & Engineering Ethics, 2013,19(1):179-187.

② 戴维斯. 像工程师那样思考[M]. 丛杭青,沈琪,等译. 杭州:浙江大学出版社,2012.

③ 《美国土木工程师协会伦理章程》实践指南第1c条,详见附录。

从技术角度判断后果,并将相应信息告知管理者或决策者,是工程师的义务。改变决策结果与否,都不应成为工程师消极行动的合理理由。尤其是当处于弱势群体的社会公众的安全受到威胁,或是脆弱的生态环境可能遭到破坏时,工程师坚持安全和可持续的道德标准就更加重要。

第三节 保守商业秘密

商业秘密是企业中具有价值的、受保护的机密信息。《关于禁止侵犯商业秘密行为的若干规定》中将商业秘密定义为"不为公众所知悉、能为权利人带来经济利益、具有实用性并经权利人采取保密措施的技术信息和经营信息。"事实上,几乎所有企业合法持有的、不对外公开的机密信息都可以属于商业秘密。

商业秘密最主要包括两方面内容:技术信息和经营信息。技术信息包括设计、方案、技术、数据、程序、方法等可应用在商业中、使企业获得竞争优势的信息。企业中技术信息的产出往往需要耗费相当的经济和人力成本。如果轻易地被其他组织或个人获取,则获取商业秘密者的竞争成本将可能大大下降。这会鼓励一些企业通过非法获取商业秘密、甚至"挖墙脚"等低成本方式,而非自主投入研发进行市场竞争,从而产生劣币驱逐良币的不公平现象。经营信息如经营策略、客户信息、招投标中的标底及标书内容等,一旦外泄,可能对单位和客户造成不利的影响。

泄密问题在涉及利益冲突的关系中尤为容易发生。常见的侵犯商业秘密的行为是利用(前)雇主的技术信息为其他单位服务。例如,从业者跳槽带走原单位的科技成果、技术信息,利用其带走的成果和信息为新单位服务;本单位工作人员在职期间私下从事"第二职业",利用的却是工作单位的技术资源和信息资源;掌握单位核心秘密的技术人员或管理人员辞职后利用所知悉的秘密,另起炉灶与原单位展开竞争。尽管许多企业会通过签订保密协议或竞业限制协议的方式禁止涉密员工从事与原业务相同的工作,但可能无法阻止一些隐蔽的泄密行为,如将技术信息或经营信息透露给朋友或他人使用。另一些常见的涉密行为涉及经营信息的泄露,如在招投标活动中向竞争对手泄露投标文件或投标报价。

泄露商业秘密违背了忠诚原则。员工应当是雇主和客户"忠实的代理人或受托人",泄露商业秘密侵害了雇主或客户的利益。对此,我国《反不正当竞争法》第九条规定:"不得实施下列侵犯商业秘密的行为:(三)违反约定或者违反权利人有关保守商业秘密的要求,披露、使用或者允许他人使用其所掌握的商业秘密";我国《关于禁止侵犯商业秘密行为的若干规定》规定:"禁止下列侵犯商业秘密行为:(一)以盗窃、利诱、胁迫或者其他不正当手段获取权利人的商业秘密;(二)披露、使用或者允许他人使用以前项手段获取的权利人的商业秘密;(三)与权利人有业务关系的单位和个人违反合同约定或者违反权利人保守商业秘密的要求,披露、使用或者允许他人使用其所掌握的权利人的商业秘密;(四)权利人的职工违反合同约定或者违反权利人保守商业秘密的要求,披露、使用或者允许他人使用其所掌握的权利人的商业秘密。"

商业秘密对于企业具有显著的价值性,因此,许多公司都采取各种措施对商业秘密加以保护。对于从业者而言,保守商业秘密的义务是双重的。作为公司雇员,从业者应当注意保护技术、专利秘密和经营信息,在未经同意的情况下,不得擅自将项目图纸、合同、重要信息等向外界提供。另一方面,在为客户服务时,也要保护在工作中接触到的或客户给予的机密信息,不在未经许可的情况下,擅自泄露客户认为需要保密的事项。

第四节 尊重知识产权和正当竞争

1. 知识产权

知识产权是源于智力劳动的财产。侵犯知识产权是对他人智力成果的偷盗。一方面,侵犯了他人的所有权。另一方面,它也可以解释为一种不诚实:即将不是自己的东西谎称为属于自己的。知识产权的窃取具有隐蔽性。[①]

版权是对书籍、图画、图形、计算机程序等创造性产品所拥有的权利。

交通运输从业者工作的时候,应当尊重同行的知识产权:

(1)不随意抄袭、占用他人的劳动成果。

(2)对于他人的设计、发明、写作或其他贡献,应给予相应的名誉。

(3)尊重他人对设计、发明、论文、著作等知识成果的所有权,在未经同意的情况下,不可以随意复制和使用这些设计方案。

(4)如果需要使用他人的设计、发明、著作等智力成果,应当提前征得其同意(如达成协议),并对他们提供相应的经济补偿。

2. 进行正当竞争

不正当竞争是相对于正当竞争而言的。正当竞争,是指经营者在诚实守

---

① 李世新.工程伦理学概论[M].北京:中国社会科学出版社,2008:155.

信、遵守商业道德的基础上进行的竞争行为。不正当竞争是对正当竞争行为的违反和侵害。在商业领域,不正当竞争行为一般具有以下三个特征:

(1)扰乱社会经济秩序,干扰市场经济的正常运行;

(2)损害竞争对手的利益;

(3)可能直接或间接地损害消费者的合法权益。[①]

我国法律明令禁止不正当竞争行为。例如,我国《反不正当竞争法》中列举了禁止的 11 种类型不正当行为,包括串通投标行为、商业贿赂行为、虚假宣传行为、侵犯商业机密的行为、压价排挤竞争对手的行为、诋毁竞争对手商业信誉的行为等。

不仅交通运输行业的从业单位需要遵守正当竞争的要求,从业者在日常从业活动中也应当遵守公平规则,不可通过低价排挤对手、贿赂、串通投标、虚假宣传、造谣诋毁抹黑同行等方式进行竞争。

---

① 许身健.法律职业伦理[M].北京:北京大学出版社,2014:82-83.

第九章

延伸阅读

第一节　伦理与法律的区别

法律是"公众在经验世界之中,在通过讨论达成共识的基础上,形成的社会准则"。因此,法律也可以说是"公众道德的汇编"。如果我们从历史研究的角度看,会得出道德先于法律的结论——法律的制定,在一定程度上是源于道德的需要(即通过制度措施的强制保障来支持已达成的道德共识)。因此,许多道德问题都已经包含在法律之中。我们很容易就能想到这方面的例子,如杀人、偷窃等行为违反了大多数人的道德标准,而它们同时也是违法的。①

法律通常反映了综合的公共道德判断和观点,但并非所有道德问题都可以化为法律法规。法律问题比道德问题的范围狭窄,因此,不违法不等于一定符合道德。比如,排队就是我们生活中常见的一个道德规范问题。为了保证一个人付出的时间和他获得资源的机会对等,即为了保证"公平","先来先得"成为人们约定俗成的道德规范。但是,排队并不在法律的调控范围之内。

法律也具有滞后性,而且我国采取的法律形式——成文法会更多地存在这方面的问题。法典从颁布之日起就固化了,而即使再优秀、再具有前瞻性的立法者,也不可能在法典制定的过程中对未来做全面、准确、百无一漏的预测。因此,法律只能是相对完善的,不可能面面俱到地囊括所有的社会生活问题。有些时候,法律甚至是由社会需要驱动的。也就是说,有时候在新的问题出现后,立法的空白和漏洞才相应地被填补。尽管法律的疏漏使得一些行为逃脱了制裁,但这些行为却依然会受到道德的质疑和批判。

除此之外,法律问题和道德问题也常常不一致。法律问题不会也不应该囊括全部的道德问题;同时,也并不是所有法律条文都具有道德内涵。因此,合法

---

① 蒂洛,克拉斯曼.伦理学与生活(第9版)[M].程立显,刘建,等译.北京:世界图书出版公司北京公司,2008:20-22.

的东西不一定合乎道德,反之,合乎道德的事情不一定合法。

第二节　职业伦理与个人道德的区别

个人道德是一个人对于道德正确与错误方面的观念。这些观念的来源有很多,比如,仅需要通过(大多数)人与生俱来的共情能力、公平世界信念以及其他的道德思维、情绪反应和行为动机,我们就可以判断杀害和伤害他人是道德错误的。当然,道德观念不仅来源于先天,也来源于我们从童年开始就不断接受的家庭教育和社会文化的塑造,比如我们从小就被教育应当诚实、不可说谎、"己所不欲勿施于人",或者是应该遵守法律和社会公德等。

个人道德是一套相对稳定的系统,因此它也总是和品格评价联系在一起。当一个人总是能出于自己的内心做出符合良好道德标准的行为时,人们也会倾向对他或她进行好的评价,如诚实、正直、友好、热心。具有高个人道德水准的人即使在没有外部规范和压力的情况下,也会遵从良心做出符合道德的行为。同样,他们也会对职业伦理有更多的认同。当然,作为个人的内在特征,个人道德不仅限于影响职业行为,而且会体现在社会生活的各个方面。

在从业过程中遇到的道德问题上,人们的道德判断标准可能来源于职业伦理,也可能来源于个人道德。个人道德是比较主观的,这也导致人们的道德观之间存在很大的差异。即使是同一个道德问题,不同的人也会持有不同的道德观点。所以,根据个人道德做出的判断不一定是准确的、客观的、无可争议的。与此相比,职业伦理是为规范从业人员的行为而制定的,它是外在的。虽然我们无法断言职业伦理是绝对客观正确的(职业伦理也是随着社会道德观念、专业知识、技术以及伦理学的发展不断改变的),但大多数时候,我们可以将它视为判断从业行为在道德上正确与否的客观标尺。

尽管我们在这里论述的是二者的不同,但事实上,职业伦理和个人道德不是完全对立的。大多数的职业伦理制定者都期望从业人员能够理解伦理规范的实质,把它们纳入个人道德里。职业伦理教育的最好结果,是从业者能够理解伦理规范的编制是出于哪些道德考虑,并最终将这些道德考虑内化为个人的道德意识,成为个人道德判断的基础。一方面,职业伦理毕竟是固化的义务要求,它不能顾及每个道德选择中情况的复杂性。单纯机械地将规则套用在一切具体情况中,有时候做出的未必是最好的决策。另一方面,一个人出于自己的个人道德推断、同情心等情绪和动机做出道德行为,比出于避免惩罚、避免负面评价而做出道德行为更加重要。这点不难理解,类似的,我们都希望老师对我们的孩子的教育是出于衷心的关注和责任感,而不是因为有一个外在的道德条款强制他们必须这样做。

学者程炼在其书中写道:"在每个具体的道德场合,我们自身所具有的道德洞察力、道德感受力、对特殊情境的敏感以及其他道德禀赋才是理解道德活动的真正切入点",①说明一个道德情境中真正重要的是决策者个人的道德能力。

第三节　职业伦理章程的制定及其目标

在许多国家或地区,系统的伦理规范通常由行业协会或学会负责制定。尽管社团属于非政府组织,其伦理章程不具备强制性法律效力,但社团章程在促进本行业职业伦理的建设中,依然扮演着非常重要的角色。一方面,一些社团通过积极的内部自治减少成员范围内的不道德行为,例如:成立纪律委员会,对违反伦理的从业行为进行调查和裁决,并对违反伦理条款的从业者进行训诫、批评、要求道歉、暂停或永久取消会员资格、吊销认证证书、解除其在社团内的职务等处罚。另一方面,社团也为收集和进行案例研究、反思消极事故、讨论职业伦理的争议等提供了场所。② 例如,美国全国职业工程师协会(NSPE)下设伦理评价委员会(BER),该委员会定期地出版内部刊物《伦理评价委员会评论》(*Opinions of the Board of Ethical Review*)。该刊物定期刊登和讨论一些具有道德争议的工程从业活动案例,以帮助遇到相似情况的工程师分析伦理问题和决定解决问题的方式。

对于一个社团而言,伦理规范的制定目标可能是多样的,但大多可以分为对内和对外两类:③

(1)对外目标包括:

①保护可能受职业活动伤害的弱势群体;

②保护和提高本行业的声誉和信誉,保持公众对本行业的信任;

③将一个行业作为一个独立的群体进行内部道德自治,从外部组织的控制和管理之中获得自治权和自主权;

④使公众了解本行业的从业行为应达到的标准,为公众的预期和评价提供参照基础;

---

① 程炼. 伦理学导论[M]. 北京:北京大学出版社,2008:188.
② 丛杭青. 工程伦理学的现状和展望[J]. 华中科技大学学报(社会科学版),2006,20(4):76-81.
③ Metcalf, J. Ethics Codes: History, Context, and Challenges [EB/OL]. https://bdes.datasociety.net/wp-content/uploads/2016/10/EthicsCodes.pdf. 2014-11-9.

⑤为从业者内部纠纷、从业者与非从业者之间的纠纷裁决提供参照依据；
⑥增加本行业应对外部压力的能力；
⑦反映本行业对于曾经出现的消极事件及其所造成的不利影响的反思和改正。

（2）对内目标包括：
①当现有的从业要求和价值标准比较含糊、不够明确以及不足以解决新情境的问题时，伦理规范可以提供具体指导；
②减少行业内部的矛盾，增强从业人员的共同目标意识；
③将一般的道德原则细化为职责，构建本职业从业者的行为指南；
④构建从业者对待不同人群（包括同行、雇员、雇主及客户）的行为标准；
⑤通过鼓励举报、鼓励制裁不道德行为，营造正面风气来减少不道德行为。

在过去几十年中，职业伦理一直依靠行业协会自律的力量以非正式的途径传播。一个可喜的变化是，职业伦理的重要性正在日益受到肯定。随着与应用伦理密切相关的行业（比如医学、新闻、教育、心理学等行业）的学术讨论和研究的丰富化，职业伦理已经开始进入高校教育课程。在未来，各个专业的从业者学习职业伦理并接受考试，将会逐渐成为一个普遍趋势。

第四节　学习职业伦理的意义

职业是社会分工的结果。俗话说"隔行如隔山"，专业人员在从事一个职业前，通常要受到大量的专业训练。这些训练可能是学术教育、职业技术培训或帮工和学徒期。人们通常会通过获取相关认证，包括学历学位、职业资格或是能力水平认证，来证明自己具备了从事该职业的能力。专业人员通过运用其所具备的专业知识、技能为客户或雇主提供具有社会价值的服务，并以此换取劳动报酬。

社会分工和专业能力的基础决定了人们在受雇于雇主或服务于客户时，有义务承担相应的职业责任。例如，在公共场合出现紧急医疗情况时，前来救助的医疗人员就有义务对患者的情况作出诊断，并尽可能地采取合适的治疗措施，否则就会被视为违背职业伦理。而在同样情况下，路人的义务则是尽量给予力所能及的援助（如第一时间呼叫救援，或是使伤员离开可能造成二次伤害的环境）。因为不具备足够的专业能力，路人即使不对患者进行更多的医疗救护也不会受到道德谴责。从这个例子中，我们可以看出专业人员与外行人不同的道德义务。这说明道德原则虽然对人们是平等的、普适的，但因为职业责任的不同,职业伦理的具体要求也不同于公共道德。因此,一个职业需要通过构建自己的职业伦理,对道德义务进行清晰明确的阐述。

另一方面,专业知识和能力在产生职业责任的同时,也为专业人员带来了决策的自主权。这是因为与专业人员相比,外行人通常不具备对专业情境进行判断和做出合适决策的能力。因此,在履行职业责任的时候,专业人员通常有许多采取个人判断和决策的机会,而这些自主权事实上赋予了他们相当的权力。让专业人员减少以过度随意、不负责任的态度做出专业决策,是职业伦理的另一个目标。

具体来说,学习职业伦理在以下三个方面对从业者及其所在行业产生积极影响:

1. 塑造道德思维的防线

道德事件在日常生活中极其普遍,在从业环境中也不例外。每当面临一个道德决策时,我们的道德意识都在起作用——思考一个行为的后果,衡量这个行为的正当性,然后采取行动或寻找其他替代方案。所以,在面临道德决策时,如果一名从业者对行为的正当与否还没有形成明确的概念,那么就很可能会犯错误。这意味着,每名从业者都应该尽量清楚地了解职业伦理的原则和规则。

有些从业者可能认为,他们可以通过职业伦理以外的其他许多途径,了解对某一特定情况的最佳处理方式,例如参考具有丰富经验的其他同行的处理方式,通过总结自己的从业经验或者从新闻报道和日常交流中了解他人的经验做法等。但是,通过这些途径获取的处理事情的办法,通常是事实性、经验性的。换句话说,这些观点的实质是"大家都是这么做的"或者"我一直都是这么做的"。这些观点可能代表了从业者群体中普遍共有的想法或观念,但以伦理或道德标准来看,普遍的不一定是正确的。因此,职业伦理的目的正是让人们知道哪些行为是"正当的""应该的"以及"合乎伦理的"。

许多不符合道德的事件因为"大家都这么做"而被合理化。只有在出现严重的事故之后,才被拿出来分析和反思。这种习以为常的忽略,使得对职业伦理的学习变得尤为必要。职业伦理提供了一种事前的、预防性的道德知识。它可以使人们在道德决策时,能够前瞻性地思考可能的后果,并用伦理标尺衡量行为的对错,降低道德错误的发生。

2. 避免道德直觉的不准确

从业者群体中,可能有些人存在另一种想法,即认为"我一直是公认的具有高尚道德品格的人,凡事只要依靠自己的本能判断,做出的决策就必然是道德的"。道德高尚的从业者真的就不需要学习职业伦理了吗？答案是否定的。

尽管对于大部分的道德事件而言，我们仅凭直觉就可以对决策方案的正当性做出准确的判断，但对于一些比较复杂的道德事件，情况却并非如此。依靠个人的道德知觉和道德情感所做出的决策往往是个体化的，虽然在决策者自己看来，行为似乎是正确的，但在其他人看来却可能并不是。所以，如果没有学习职业伦理，仅依靠道德直觉的判断不一定是可靠的。

另一方面，一些看似很好的道德品质也可能导致完全不好的结果。例如，对于企业的忠诚可能演变为帮助企业胡作非为，而对朋友或同事的友善可能导致对其不道德的行为视而不见。因此，尽管拥有高标准的个人道德是值得鼓励的，但是个人道德并不能代替职业伦理。我们依然需要一组获得共识的、较为客观的职业伦理，告诉一个行业所有的从业者究竟什么行为是正当的，以及应该如何解决道德困境。

3. 对行业产生积极影响

尽管从表面上看，职业伦理是为了防止从业者做出不道德行为，如罔顾生命安全、不履行义务、欺诈等，从而保护行业外群体的利益。但事实上，如果我们进一步探究这些结果的影响，则可以发现，从业者以及行业整体才是遵守职业伦理的最终受益人。

职业伦理对行业利益的维护可以体现在以下这些方面：

(1) 通过一定程度的道德内部自治，维持行业内的公正秩序。公正秩序可以避免因恶性竞争而导致的劣币驱逐良币，如合法合理经营的企业被迫亏损倒闭、道德的从业者被迫失业等情况出现。公平公正的市场秩序可以避免恶性竞争的不良循环，并维护道德的从业者的信心。

(2) 通过减少行业内部恶性竞争，强化正向发展目标，促进行业的创新和发展。不道德行为的减少，有助于行业内部以创新或优化服务等合理的方式发展自身竞争力。

(3) 通过维护行业形象和信誉，保持公众信任，保护行业的发展基础。行业信誉下降可能恶化公众与从业者的关系，造成双方在各种层面上产生冲突，导致从业者利益受损。同时，由于不信任，公众可能倾向于减少相关方面的消费，转而寻求替代产品或替代服务。低社会形象还会导致从业者的流失，导致行业青黄不接、发展受阻。因此，维护行业口碑是保障行业正常发展的基础。

(4) 通过对社会展现行业内部的道德自律机制，增加行业对抗突发的舆论事件和公共压力的弹性，帮助行业尽快摆脱消极事件的影响。

第五节　人为什么要有道德

在这个问题下面,我们要解释的并不是"一个人为什么需要道德"。尽管劝说一个人按道德的方式生活的理由可能很多:避免受到法律的制裁,避免被厌恶、排挤、留下恶名,避免因为违反人们之间潜在的互惠机制而得不到帮助等。但这些大多是以自我为中心的,即让人们出于最终自利的理由而遵守道德。在一些情境中,比如当不道德行为是匿名的、不利后果发生概率很小、不道德带来的利益明显大于不利时,这些理由通常很容易失效。

尽管说明一个人为什么需要道德不太容易,但我们却可以看看另一个相似的问题:人或是人类社会为什么需要道德?

在托马斯·霍布斯(Thomas Hobbes)的社会契约论中提到,人们有许多基本需求,比如为了生存需要食物、住所等资源,但在一个自然的环境中,资源的供应总是不足的。人们如何保证自己能够分配到一份资源,以满足自己的生存所需?是通过的竞争,还是指望他人仁慈的施舍?霍布斯认为,真正理想的解决方式,是人们通过相互分工合作,促进可用资源的增长,让资源的总量能够满足所有人的需求。但这种合作需要有道德规则作为基本前提,以保证人们可以在一个没有攻击、欺骗、偷窃、背叛的环境下,彼此相互信任。

事实上,道德的重要性不仅限于获取生活资源。人们都想要在和平、安定的环境中生活,能够免于遭遇事故、伤害、不公正的对待,尽可能地实现人生的幸福。要满足这些愿望,需要人们认识到共同遵守道德规则所产生的价值。只有人们都通过遵守道德构建起有意义的生活方式,我们的愿望才有被满足的基础。因此,道德是人们的共同需要。

"我们都想生活得尽可能地好,但是,除非我们拥有和平、合作的社会秩序,否则我们不能实现繁荣。而如果没有规范,我们就不可能有和平、合作的社会秩序。那么,道德规范正是我们需要的、能够从社会生活中获益的规范。"[1]

"对于一个运作有序的社会,道德行为是必要的……坚守道德原则,使得人们尽可能生活得和平、幸福、充满创造性和富有意义。"[2]

---

[1] 雷切尔斯.道德的理由(第5版)[M].杨宗元译.北京:中国人民大学出版社,2009:143.
[2] 蒂洛,克拉斯曼.伦理学与生活(第9版)[M].程立显,刘建,等译.北京:世界图书出版公司北京公司,2008:27.

第六节　如何成为有道德的人

1. 道德黄金律

黄金律或黄金法则(The Golden Rule)即"你愿意他人怎样对待你,你就应当如何对待他人"[1]或"你不愿意别人如何对待你,你就不要以同样的手段去对待别人"[2]的道德原则。黄金律在许多宗教经典、哲学论著中都有过同样的表述。孔子曾说的"己所不欲,勿施于人"就是黄金律的出处之一。黄金律强调了一种互逆的思维方式。它代表了一种简单的道德决策途径:每个人在做一个涉及他人的决策之前,都应当设身处地地站在他人的角度上换位思考,"如果你是自己道德行为的承受者,你希望受到怎样的对待?"

经过黄金律的检验,至少可以保证不出现严重的伤害事件、不公平和欺骗问题。因为人们的许多需求是类似的:希望保持身体健康,免受痛苦、伤害、歧视和欺骗等。黄金律要求人们以一种人人平等的方式思考,而这种换位又是易于做到的——无须学习其他道德规则,人们只需要将自己置于同样的境遇中,考虑自己的期望。

黄金律能够成为普世道德箴言,是因为它宣扬了同理心和平等向善的价值观,同时又便于讲授与传播。尽管在历史上它曾受到过诸多质疑(比如,假定别人的需求和自己相同并非总是正确),但作为一条基本道德准则,大多数时候它能够让人们去恶行善。因此,黄金律也应该成为所有交通运输从业者做出道德决策前必须进行的一项思考:"如果我是我行为的承受者,这是我所能接受的对待方式吗?"

2. 道德决策框架

黄金律是一种简便易行的道德思考方法,但它不够全面,并不能很好地适用于所有的道德情境。黄金律的问题在于,它使我们更容易受到直接的人际关系影响,忘记考虑远端受影响的人群。比如,一名与考生换位思考的驾考考官可能会受贿并给考生放行,忽略可能因此遭受交通事故的他人;一名与管理者换位思考的工程师可能会服从于不道德的命令,而忽略可能受到工程影响的企业、公众或环境。

---

[1] 黄金律的肯定式,最著名的出处是《圣经·新约·马太福音》。

[2] 黄金律的否定式,包括儒家经典《论语·颜渊篇》"己所不欲,勿施于人"、《中庸》"施诸己而不愿,亦勿施于人";佛教《法集要颂经》"以己喻彼命,是故不害人";印度古代史诗《摩诃婆罗多·和平篇》"绝不应该把自己不愿意受到的对待施加于他人";以及《圣经·后典·多比书》"你不愿意别人如何对待你,你就不要以同样的手段去对待别人"等。

本节中，我们引入了一个更为复杂、全面的道德决策框架，该框架来源于项目管理协会(Project Management Institute)①，包括了评估、选择方法、分析、应用和行动5个具体步骤。我们建议读者们按照这些步骤详细分析工作中的道德情境和问题，以便能够指导自己做出更好的道德决策。

(1)评估。确定你拥有的与道德困境相关的所有事实，并回答以下问题：

①它合法吗？

②它与职业伦理规范相符吗？

③它与你的雇主或客户的道德和行为规范的要求一致吗？

④它与你的道德价值观及周围文化环境的道德价值观一致吗？

如果你对以上问题的回答提供了充分的事实，请进入下一步。如果你不确定，则可能需要收集更多的事实或请教他人。

(2)选择方法。通过回答以下问题来考虑你的选择：

①你已经列出了所有可能的选择了吗？

②你已经考虑了每一种可能选择的利弊了吗？

如果对以上问题的回答产生了一个可行的方案，请进入下一步，分析所有的备选决策。否则可能需收集更多信息。

(3)分析。确认你的备选决策，并用以下问题测试备选决策的有效性：

①你的备选决策对你的雇主机构、客户、其他利益相关者、环境或后代是否会产生积极的影响，或者可以避免他们被伤害？

②如果一年以后回顾现在的决策，你还会认为它是一个好方案吗？

③你是在没有任何外界影响的情况下做出这个决策的吗？

④你是处在平和而没有压力的心境下做出这个决策的吗？

如果影响是可接受的，请进入下一步，运用伦理准则衡量你的决策。反之，则花时间考虑另一个备选决策，或重新评估你所考虑的这个选择。

(4)应用。通过以下这些问题，用伦理准则衡量你的备选决策：

①你的选择会产生最好的结果吗？

②你的选择是以你希望别人怎么对待你的方式对待其他人吗？

③你的选择对各个利益相关方都是公平且有利的吗？

如果这些问题的回答是否定或不确定的，你可能需要重新考虑你的决策，或重新评估相关事实及其影响。如果回答是肯定的，且你的备选决策与其他伦

---

① 原文地址：https://www.pmi.org/about/ethics/ethical-decision-making-framework.pdf。

理准则基本一致,则进入下一步。

(5)行动。考虑以下问题后作出决策:
①你愿意为你的决策承担责任吗?
②你会向他人公开你的决策,并且没有任何负面的感觉吗?
③如果决策曝光,你觉得可以为自己的决策进行合理的辩护吗?
④你准备好付诸行动了吗?

如果你对自己的决策放心,那就采取行动。如果不是,则回顾前面的步骤,找一个更好的解决方案。

3.决策的衡量标准

一个好的道德决策,要能够满足以下衡量标准:

(1)决策公平地考虑所有受影响的个人或集体(利益相关者)的利益和福祉。
①尽可能地兼顾了受影响各方的利益,保证了利益分配的平衡。
②利益不平衡常见于优先考虑私人的或所在单位的利益,牺牲客户或公众利益的情况。如果有,这不是一个好的决策。

(2)尽可能避免伤害,尽可能产生好的结果。在公平的基础上,行为的结果应该产生尽量大的好处,尽量小的伤害。

(3)表现出尊重他人权利、责任感和关怀。
①决策应当尊重人们生存权、财产权,保持身体和精神完整、不受侵害的权利,被尊重、不被欺骗、不受歧视的权利,知情权和自主决策的权利等。
②决策应当体现出职业责任。

(4)决策结果应当能够使人们之间产生或保持相互信任。

4.道德困境的决策

道德困境是这样一种情形:一个道德义务要求你做出某个选择,而另一个道德义务要求你做出其他的选择,这些选择无法同时被满足。在道德困境中,一个人的决策不能同时满足所有道德要求的"应当"。

遇到道德困境是常见的问题。由于每个道德情境都是特殊的,对于解决道德困境,并没有一个能够放之四海而皆准的解决方式。道德困境更加适合"具体问题具体分析",决策者通过对背景、选项、利益相关者进行分析,来衡量各种行为结果的好坏。在困境中,为了实现最好的目标,可以选择性地违背一些伦理原则和道德规范。但是,这些决策自由不是完全没有限制的。对于道德困境决策,至少要符合以下条件:

(1)伦理原则和价值总是优先于非伦理的价值。如果道德的要求与私人利益之间产生冲突,应当始终把道德要求放在优先位置。

(2)一般来说,首先考虑尊重生命原则。[①]

①在道德困境的权衡之中,生命价值原则总是排在第一位的。

②例如,忠诚于雇主利益如果可能导致伤害他人的风险,那么应当优先遵循尊重生命、不伤害的道德原则。

(3)要能够说明为什么选择遵守某个道德规范,而违反另一个是合理的:[②]

①违反的理由足够充分吗?

②对于被违反的道德规范,是最低程度的违反吗?

③所采取的做法是负面影响最小的做法吗?

④是否还有更好的方案可以替代?

⑤所采取的行动是不是能够实现想要的目标?

(4)所采取的最终行动应当符合前面所述的衡量标准。

---

① 蒂洛,克拉斯曼.伦理学与生活(第9版)[M].程立显,刘建,等译.北京:世界图书出版公司北京公司,2008:155-156.

② 比切姆,邱卓思.生命医学伦理原则[M].李伦,等译.北京:北京大学出版社,2014.

附录1

我国交通运输行业自律公约选录

交通建设试验检测行业从业自律公约

中国交通建设监理协会

第一章至第二章　（略）

第三章　试验检测人员自律

第十三条　试验检测人员必须严守职业道德准则和工作程序,独立开展试验检测工作,保证试验检测数据科学、客观、公正、准确,并对试验检测结果承担法律责任。不造假数据、不出假证明、不做假鉴定、不做假报告。

第十四条　试验检测人员不得越级超范围违规承接试验检测任务,不转借、出卖、伪造、涂改资格证书以及其他相关资信证明。

第十五条　试验检测人员要清正廉洁,不得借工作之便推销建设材料、构配件和设备。不得向客户索取钱物,不收受客户的任何礼金和礼品。

第十六条　遵守公共关系准则,同行间相互尊重、相互支持、友好合作。不损害同行的声誉,不妨害同行的工作。

第十七条　试验检测人员不得同时受聘于两家以上试验检测机构,按照劳动人事聘用合同的规定在聘用单位从事试验检测工作,不得擅自离岗离聘,对因个人擅离职守给工作和聘用单位造成的损失承担责任。

第十八条　试验检测人员在证书有效期内应按规定参加继续教育,不断学习、掌握新知识、新技术、新法规,努力提高技术、业务能力和职业道德水平。

第四章至第五章　（略）

汽车驾驶员培训行业自律公约

中国道路运输协会

第一章 （略）

第二章 行业自律

第四条 坚持文明办学，遵守社会公德。做到：文明诚信、为人师表、身体力行、优质服务，提高教职人员的综合素质。

第五条 坚持遵纪守法，依法经营。加强自律意识及法制意识，反对任何形式的不正当竞争手段，严禁采用任何手段恶意炒作培训价格的行为。

第六条 坚持教学改革，提高培训水平。改革传统的教学模式，逐步采用现代化、科学化、标准化、规范化的教学手段及管理模式，整体提升机动车驾驶员培训水平。

第七条 坚持"绿色驾驶"理念，积极开展节能减排。与时俱进、开拓进取、不断创新；应用先进科学技术，达到节能减排，低碳发展的目的。

第八条 严格执行教学大纲，保证培训质量。严格按《机动车驾驶培训教学与考试大纲》规定的内容、学时、要求组织培训教学，不得弄虚作假，不得减少培训时间。

第九条 严格教练员管理，提倡廉正带教。保护学员合法权益，公开收费标准，公布学员服务承诺，不得以任何形式和借口，侵占学员合法利益。对学员的投诉，在10天内予以回复，不得以任何借口推诿、拖延。

第十条 严格教练车安全管理，确保教学安全。严格按规定使用教练车辆，按有关要求进行维护、更新，经常保持车辆整洁、完好，符合教学条件，规范教练车辆的使用。

第十一条 严格遵守收费标准，按规定依法纳税，履行国家规定的社会义务。

第三章至第五章 （略）

全国汽车维修行业行为规范公约

中国汽车维修行业协会

为加强汽车维修行业精神文明建设，建立汽车维修行业诚信机制，营造良好的汽车维修市场经济秩序,切实维护车辆所有人的合法权益,制定全国汽车维修行业行为规范公约。汽车维修业户共同遵守,自觉执行,相互监督。

一、守法经营　接受监督

遵守国家法律、法规和规章,端正经营行为,全面公开汽车维修行业规范、收费标准、监督电话;严格按照国家有关规定合理结算费用,依法开具发票。自觉接受行政监督、舆论监督、社会监督。

二、诚信为本　公平竞争

坚持诚信为本,以优质服务、用户满意为宗旨参与市场竞争。公正签订并忠实履行汽车维修合同,不擅自减少作业项目,不使用假冒伪劣配件,不做虚假广告宣传。

三、尊重客户　热忱服务

牢固树立"质量第一,客户至上"的观念,从业人员持证上岗,亮牌服务,举止文明;建立客户档案,定期跟踪回访,主动征求意见;开展提醒服务,答复客户咨询,排除客户疑虑;努力满足客户要求,维护客户正当权益。

四、弘扬职业道德　建设精神文明

发展企业文化,建立服务品牌。倡导爱岗敬业精神,树立团队合作意识。充分调动企业员工积极性,开创奋发向上的比、学、赶、帮新局面。开展服务规范化达标活动,树立行业新风尚。

五、规范操作　保证质量

建立健全汽车维修质量保证体系,全面贯彻执行国家标准、行业标准和企业标准,认真做好汽车维修检验记录,按规定签发汽车维修出厂合格证,及时受理客户投诉,承担质量保证责任。

六、文明生产　保护环境

搞好文明生产和安全生产,防止污染,保护环境,不断完善服务设施和服务功能,做好厂区整洁,环境优美,布局合理;实现作业现场安静;维修工具、机件、场地、人身清洁;工具、机件、油水不落地。

七、自我管理　自我发展

自觉抵制非法行为,勇于同侵害行业利益的行为作斗争,捍卫行业合法权益;通过正常渠道反映企业的意见与要求,不断提升行业整体素质。

八、科技兴业　开拓创新

确立科技兴业新思路,积极推广应用汽车维修新技术、新工艺、新材料、新设备;更新管理理念,优化企业管理,增强市场竞争能力;加强行业培训与交流,开展业内的横向联合与协作,加强行业技术进步。

附录2

国外交通运输职业伦理章程选录

说明

由于本书篇幅有限,附录2中只列出了部分我们认为典型的或是具有较高的影响力的伦理章程供读者参考。若读者想参看更多(或其他职业)的职业伦理章程,可登录伊利诺伊州理工学院职业伦理研究中心网站(http://ethicscodescollection.org/)自行查找。该网站公开收录了全球各类职业社团、企业、政府机关和其他机构的职业伦理共4000多个。

ITE(Institute of Transportation Engineers)
Canons of Ethics of Members

美国交通工程师协会伦理章程[①]

序言

为了维护和增进职业/专业的荣誉与尊严,并与高水准的伦理行为保持一致,作为ITE的会员,应当:

1. 使用专业知识和技能以增进人类福祉;
2. 诚实和正直地与雇主、顾客和公众打交道;
3. 努力提升专业的能力和声誉。

与公众的关系

1. 交通工程师在执行专业任务、履行专业职责时,对公众的安全、健康和福利负有责任。
2. 交通工程师应努力增进公众对于交通工程专业和其所获得的成就的了

[①] 原文地址:https://www.ite.org/pub/?id=e1bb9395-2354-d714-51c8-36f82bef9364。

解,维护专业声誉和荣誉。应坚决反对关于本专业的任何虚假的、无根据的、夸大其词的言论。

3. 交通工程师不能在工程实施、市场活动和宣传推销中使用虚假、误导或者错误的手段。

4. 交通工程师仅在论据充足、确信无误的情况下才能在专业话题上发表意见。

5. 交通工程师在发表单方面声明、评论或反对意见之前,应先指明自己是代表谁发表的这些言论。

与雇主和客户的关系

6. 交通工程师要作为忠实的代理人或受托人,以专业的方式对待每个客户或雇主。

7. 交通工程师应尽力避免与雇主或客户产生利益冲突,但当冲突不可避免时,应将情况完全告知所有的利益相关方。

8. 交通工程师应公平、公正地对待所有供应商和承包商,不可以直接或间接的方式要求、提出或者接受可能影响专业判断或帮助供应商、承包商及其他交通工程师获得或者保有工程或项目的小费和佣金。

9. 交通工程师应将其与雇主或客户所参与的项目或工程中的所有的供应商或承包商、交易、发明、机械设备等之间的经济利益关系告知雇主或客户。这些利益不能对该成员可能做出的任何涉及专业服务的决策产生影响。

10. 交通工程师应向雇主或客户指出如果否定专业决策可能会产生的不利影响。

11. 交通工程师应预防在其所负责的工程项目中出现任何可能威胁生命财产安全的情况。如果不是项目的负责人,则应迅速将这类情况告知相应的负责人。

12. 交通工程师只能承担其资格能力胜任范围内的专业任务。应遵循客户或雇主利益至上的原则,在需要的情况下,向雇主或客户建议雇佣其他专家并与之合作。

13. 未经授权,交通工程师不得公开或向他人透露现任或以往历任雇主或客户的任何与商务活动或技术流程有关的信息。

14. 未经所有的利益相关方同意,交通工程师不能以同一服务或同一工程的其他服务的名义从多方收取酬劳。

15. 除了通过职业中介寻找付薪职位的情况外,交通工程师不得以直接或间接的方式提供或给予任何回扣、政治捐款、酬金或其他形式的报酬以保有工程项目或工作。

与其他专业人员的关系

16. 交通工程师应努力为其雇佣或管理的专业人员提供专业能力发展和进步的机会。

17. 交通工程师不可刻意损害本专业的名声、前景或干涉其他专业人员的业务。如果发现其他的专业人员在从业过程中有违背伦理、法律或是不公平、公正的情况，应将相关证据交给有关权力机构处置。

18. 交通工程师不可参与违背法律的竞争活动。

19. 交通工程师在征集、提交和评估专业服务方案时，应该对方案的各个方面都进行充分的考虑，包括：技术能力、过往经验、创造性和适配性等。

20. 交通工程师应积极地与其他的专业人员及学生合作，通过相互交流信息和经验、开展大众媒体宣传、向专业团体和学校进行捐赠等方式促进本专业发展。

21. 交通工程师不可与问题企业有业务往来，或是允许问题企业使用自己的形象进行宣传，也不可与不遵守职业伦理或不具备合法地开展某项业务的资质条件的专业人员有业务关联或专业合作。

22. 交通工程师不可在需要专业参与的谈判中施加不正当的影响，或是提供、要求或接受以影响专业谈判为目的的报酬。

ASCE(American Society of Civil Engineers) Code of Ethics

美国土木工程师协会伦理章程[①]

基本原则

通过以下方式，工程师保持和促进工程职业的正直、荣誉和尊严：

1. 运用他们的知识和技能改善人类福祉和环境；
2. 诚实、公平和忠实地为公众、雇主和客户服务；
3. 努力增强工程职业的能力和声誉；
4. 支持自己专业所在的职业和技术协会。

基本守则

1. 工程师在履行其职业责任时，应当把公众的安全、健康和福祉置于首位，并且遵守可持续发展的原则。
2. 工程师仅在其胜任的领域内提供服务。
3. 工程师应当仅以客观、诚实的态度发表公开声明。
4. 在职业事务中，工程师应当作为忠实的代理人或受托人为每一位雇主或客户服务，并避免利益冲突。

---

① 原文地址：https://www.asce.org/code-of-ethics/.

5. 工程师应当在自己工作质量的基础上确立自己的职业声誉,不与他人进行不公平的竞争。

6. 工程师应当以维护和增强工程职业的荣誉、正直和尊严的方式从业,对贿赂、欺诈和腐败行为应采取零容忍的态度。

7. 工程师应在其职业生涯中不断进取,并为在他们指导之下的工程师提供职业发展的机会。

8. 在与职业有关的所有事件中,工程师都应平等对待所有人,鼓励公平参与,不因性别、性别认同、籍贯、民族、种族、宗教、年龄、性取向、身体残疾、政治立场、家庭、婚姻或经济状况差异而不同对待。

基于伦理基本准则的实践指南

1. 工程师在履行其职业责任时,应当把公众的安全、健康和福祉置于首位,并且遵守可持续发展的原则。

a. 工程师应认识到一般公众的生命、安全、健康和福祉取决于融入建筑物、机器、产品、程序和设备里的工程判断、决策和实践。

b. 工程师应只批准或签署由自己审阅或拟定的设计文件,并确定这些设计对公众健康和福祉是安全的,符合公认的工程标准。

c. 在可能危及公众的安全、健康和福祉,或者不符合可持续发展的情况下,工程师的职业判断受到否决,那么他们应将可能出现的后果告知客户或雇主。

d. 工程师若了解到或有理由认为,另一个人或公司违反了准则 1 的内容,则应以书面的形式向有关机构报告这样的信息,并应配合这些机构,提供更多的信息或根据需要提供协助。

e. 工程师应当寻求各种机会积极地服务于公共事务,为提高社区的安全、健康和福利发挥作用,并通过可持续发展的实践保护环境。

f. 工程师应当坚持可持续发展的原则,保护环境,从而提高公众的生活质量。

2. 工程师应仅在其胜任的领域内提供服务。

a. 工程师仅在通过教育或经验积累而具备了相关的工程技术领域的资质后,才可从事工程事务。

b. 工程师可以接受所需的教育或经验背景要求超出了工程师能力范围的任务,前提是其工作仅限于资质能胜任的项目阶段。该项目的其他阶段应由有资质的同事、顾问或雇员来实施。

c. 工程师不可在以下工程计划或文件上签名或盖章:计划或文件的内容所需的教育经历或经验背景超出了该工程师的胜任领域;未经审阅或不在自己监督控制下编制的计划和文件。

3. 工程师应当仅以客观、诚实的态度发表公开声明。

a. 工程师应努力传播工程和可持续发展的知识,不应参与散播有关工程的虚假的、不公正的或夸大其词的声明。

b. 工程师应在其职业报告、声明或证词中保持客观和诚实,应在报告、声明或证词中包含所有相关的和恰当的信息。

c. 当工程师作为专家证人时,只有在对事实有了充分了解、技术能力能够胜任、诚实的基础上,工程师才能表达意见。

d. 工程师不应为利益方发起或付费的工程事务发表声明、批评或论证,除非他们已声明是代表哪一方发表声明。

e. 在说明他们的工作和价值时,工程师应表现得有尊严和谦虚,要避免任何以牺牲他们职业的正直、荣誉和尊严为代价来为自己谋私利的行为。

4. 在职业事务中,工程师应当作为忠实的代理人或受托人为每一位雇主或客户服务,并避免利益冲突。

a. 工程师应避免与他们的雇主或客户相关的所有已知的或潜在的利益冲突,且应及时告知他们的雇主或客户所有可能影响到他们的判断或服务质量的商业关联、利益或情况。

b. 工程师不应在同一项目或在与同一项目相关的服务中接受多方的报酬,除非所有情况完全公开,并且所有的利益方一致同意。

c. 工程师不应直接地或间接地索取或接受由合同方、合同方代理人或其他的与雇主或客户打交道、与工程师当前负责的工作相关的其他方的礼物。

d. 在作为政府机构或部门的成员、顾问或雇员的公共服务中,工程师不应参与他们或他们的公司在个人或公共工程实务中承揽或提供的事务或活动。

e. 当工程师通过自己的研究确信某个项目不可行时,应向雇主或客户提出建议。

f. 如果有损于客户、雇主或公众的利益,工程师不可使用在其工作中获得的秘密信息作为谋取个人利益的手段。

g. 工程师不应接受他们常规工作之外的职业雇佣,或者在他们的雇主不知情的情况下接受利益。

5. 工程师应当在自己工作质量的基础上确立自己的职业声誉,不与他人进行不公平的竞争。

a. 除了通过就业机构获得带薪工作外,工程师不可(直接或间接地)给予、索取或接受任何为了保有工作的目的而提供的政治献金、赠礼或非法的报酬。

b. 工程师应当在证明了自己具有某一专业服务所要求的能力和资质的基础上,公平地进行职业服务合同的谈判。

c. 工程师仅在自己的职业判断不受干扰的情况下,才能根据情况要求、提议或接受职业佣金。

d. 工程师不可伪造或允许他人误传误读自己的学历、职业资质和经验。

e. 工程师应当将适当的工程工作荣誉给予那些应该得到的人,且应认可其他人的所有权权益。无论何时,只要有可能,他们就应将荣誉给予那些负责设计、发明、写作或作出其他贡献的人。

f. 在不含有误导性语言或不贬损职业尊严的情况下,工程师可以通过特定的途径宣传职业服务的内容。允许如下形式的广告宣传:

- 在公认的、权威的出版物上的职业名片,以及由可靠的机构出版的名册或分类清单,前提是名片或清单在尺寸和内容上保持一致,并且刊登在出版物专门用于刊载这类启事的栏目中。
- 准确地描述经验、设备、人员和所提供服务能力的小册子,前提是对工程师曾参与项目的描述没有误导性内容。
- 在公认的权威的商业和专业出版物上发布的广告,前提是确保真实性,并且对工程师曾参与的项目的描述没有误导的内容。
- 可在所提供服务的项目中发布工程师的姓名或公司名称及其服务类型。
- 向普通刊物或技术刊物授权或撰写描述性的文章,这类文章必须真实且严肃。文章不应隐含有任何超出直接参与项目的内容。
- 工程师的姓名在经过本人同意后,可以用于商业广告中,例如承包商、材料供应商等的商业广告中,但只能以一种谦虚的、有尊严的方式提到该工程师参与了某个项目。本条款不可用于对专利产品公开背书的情况。

g. 工程师不应恶意地或虚伪地、直接地或间接地损害另一位工程师的职业声誉、前途、从业或受雇,或随意地批评他人的工作。

h. 未经其雇主的同意,工程师不应将雇主的设备、原材料、实验室或办公设备用于从事公司外的私人事务。

6. 工程师应当以维护和增强工程职业的荣誉、正直和尊严的方式从业,对贿赂、欺诈和腐败行为应采取零容忍的态度。

a. 工程师不得在知情的情况下,故意从事欺诈、不诚实或不道德的商业或职业活动。

b. 工程师应严格诚实地控制和支出资金,并通过公开、诚实、公正、忠诚地为公众、雇主、合作伙伴及客户服务,来促进资源的有效利用。

c. 在所有工程或建筑活动中,工程师应对贿赂、欺诈和腐败行为采取零容忍的态度。

d. 如果不得不在小费或贿赂已成为不成文规定的文化环境下从业,工程师应该非常小心警惕地保持合适的道德行为。

e. 工程师应尽量在项目的采购和执行中保持透明度。透明度包括公开推进该项目的所有代理人的姓名、地址、目的、费用或佣金。

f. 工程师们应提倡在所有合同中使用对贿赂、欺诈和腐败零容忍的认证。

7. 工程师应在其职业生涯中不断进取,并为在他们指导之下的工程师提供职业发展的机会。

a. 工程师应通过从事职业实践,参加继续教育课程、阅读技术文献和参加专业会议和研讨会的方式,使自己跟上本专业领域内的当前发展状态。

b. 工程师应支持和鼓励他们的工程雇员尽早进行职业工程师注册。

c. 工程师应鼓励工程雇员参加专业和技术社团会议,并提交论文。

d. 在包括职业等级、薪资范围和附加福利的雇佣条件的商谈中,工程师应坚持雇主和雇员互相满意的原则。

8. 在与职业有关的所有事件中,工程师都应平等对待所有人,鼓励公平参与,不因性别、性别认同、籍贯、民族、种族、宗教、年龄、性取向、身体残疾、政治立场、家庭、婚姻或经济状况差异而不同对待。

a. 工程师在对待他人时,应使每个人都受到尊重、保持尊严、被平等对待。

b. 工程师不可在职业活动中有歧视或骚扰的行为。

c. 工程师应考虑到社群的多样性,并在计划和进行专业服务时,真诚地从多样化的视角出发考虑问题。

NSPE (National Society of Professional Engineers)
Code of Ethics for Engineers

美国全国职业工程师协会伦理章程[①]

序言

工程是一个重要的学术性的职业。作为本职业的从业人员,工程师被赋予了展现高标准的诚实和正直的期望。工程对所有人的生活质量有直接重大的影响。因此,工程师提供的服务需要诚实、公平、公正和平等,必须致力于保护公众的健康、安全和福祉。工程师必须按职业行为标准履行其职责,这就要求他们遵守高标准的伦理行为的原则。

---

① 原文地址:https://www.nspe.org/resources/ethics/code-ethics。

Ⅰ.基本准则

在履行其职责的过程中,工程师应该:

1. 将公众的安全、健康和福祉置于首位;
2. 只在自己能力胜任的领域内从事工作;
3. 仅以客观的和诚实的方式发表公开声明;
4. 作为忠诚的代理人和受托人为雇主和客户服务;
5. 避免欺骗性的行为;
6. 体面地、负责地、合乎道德地以及合法地从事职业行为,以提高职业的荣誉、声誉和作用。

Ⅱ.从业规则

1. 工程师应将公众安全、健康和福祉放在首位。

   a. 在危及生命和财产情况下,如果工程师的判断遭到了否定,那么他们应向雇主或客户以及其他适当的机构通报情况。

   b. 工程师应仅批准那些符合适当标准的工程文件。

   c. 除了法律或本章程授权或要求外,在没有得到客户或雇主事先同意的情况下,工程师不应泄露所获得的事实、数据或信息。

   d. 工程师不应与任何他们认为在从事欺骗性或不诚实事务的个人或公司合作,也不应允许这些个人或公司在商业经营中使用自己的姓名。

   e. 工程师不应协助或唆使任何个人或公司从事非法的工程项目。

   f. 当知道任何宣称的违反本章程的情况时,工程师应立即向相关的职业机构报告,而且在必要时,还要向公共机构报告,并在需要时协助这些机构,提供相关信息或所需的协助。

2. 工程师应只在自己能力胜任的领域内从事工作。

   a. 仅当工程师的教育经历或经验背景使其胜任时,才承担分派的特定技术领域内的任务。

   b. 在自己缺乏资质的领域,或是不在自己指导和管理之下编制的计划书或文件,工程师不应签字或盖章。

   c. 工程师可接受任务指派和承担整个项目的协调责任,并签署和批准整个项目的工程文件,前提是该项目的每一个技术部分均由具备资质的、负责这部分工作的工程师编制和签字。

3. 工程师应以客观的和诚实的方式发表公开声明。

   a. 工程师在专业报告、陈述或证词中应保持客观和诚实。在专业报告、陈述和证词中,应该包含所有相关的和恰当的信息,而且这些报告、陈述或证词还应标明当时的日期。

b. 只有当其观点建立在对事实充分认识的基础之上,并且该问题在其专业知识范围之内时,工程师才可以公开发表专业技术观点。

c. 对于由利益方发起或付费的技术问题,工程师不应公开发表任何声明、批评或争论,除非在发表自己的意见前,先清楚地表明自己所代表的利益相关方,并且揭示自己在其中可能存在的利益关系。

4. 工程师应做雇主或客户的忠实代理人或受托人。

a. 工程师应公开所有可能或可能会影响他们判断或所提供服务质量的已知的或潜在的利益冲突。

b. 工程师不应以同一项目的服务接受任何超过一方的报酬,或者重复接受有关同一项目服务的报酬,除非已向所有相关各方完全公开,并征得他们同意。

c. 工程师不应直接地或间接地向自己所负责工作的外方代理人索要、接受金钱或其他有价之物。

d. 在工程师作为成员、顾问或雇员参与的政府或准政府机构的公共服务中,工程师不得参与由他们自己或所在的公司招标或提供服务的工程业务有关的决策。

e. 如果工程师所在公司的成员在政府机构中担任负责人或官员,那么工程师不应索要或接受来自该机构的合同。

5. 工程师应避免发生欺骗性的行为。

a. 工程师不得伪造职业资格,也不许他人对自己、同事的职业资格的虚假宣传或误读。工程师不可虚构或夸大自己过往对某项事务负责的经验。在用于自荐就业的小册子或其他介绍材料中,不应虚假地叙述有关事实,如关于雇主、雇员、同事、合作方的情况或过去的业绩。

b. 工程师不应直接地或间接地提供、给予、索取或接受任何影响公共机构授予合同的供款,或者提供、给予、索取或接受任何可能会被公众理解成具有影响合同授予意图的供款。工程师不可为了得到或保住工作而提供任何礼品或其他报酬。不可为得到或保住工作而提供佣金、提成或回扣(除了对真诚的雇员或是由工程师自己建立起关系的已确定的商业或营销代理人)。

Ⅲ. 职业责任

1. 当处理与各方的关系时,工程师应以诚实的和正直的最高标准作为指导原则。

a. 工程师应承认他们的错误,而不应歪曲或篡改事实。

b. 当工程师认为某一项目不会成功时,他们应向其客户或雇主提出建议。

c. 工程师不应接受可能会损害他们的日常工作或利益的外部雇佣。在接受任何外部工程雇佣之前,他们应先告知雇主。

d. 工程师不应通过虚假或误导的理由来吸引属于另一位雇主的工程师。

e. 工程师不应以损害职业荣誉和正直为代价来谋求他们自己的利益。

2. 工程师应始终努力地服务于公众利益。

a. 工程师应寻求机会参加社区事务,为年轻人提供就业指导,并为提高他们社区的安全、健康和福利而工作。

b. 对不符合工程应用标准的计划书和说明书,工程师不应加以完善、签字或盖章。如果客户或雇主坚持这类不专业的行为,工程师应通知相关的机构,并中止为该项目提供进一步的服务。

c. 工程师应努力增进公众对工程及其成就的了解和评价。

3. 工程师应避免所有欺骗公众的行为或做法。

a. 工程师应避免使用歪曲重要事实或遗漏重要事实的陈述。

b. 在符合上述条款的情况下,工程师可刊登招聘雇员的广告。

c. 在符合上述条款的情况下,工程师可为外行或技术出版物提供论文,但这些文章不应包含将他人的工作归功于自己名下的内容。

4. 未经同意,工程师不得泄露任何涉及现在的或先前的客户或雇主或他们服务过的公共部门的商业事务或技术工艺的秘密信息。

a. 如果工程师在某个特定项目的工作中获得了独有的、专门的知识,则在没有得到所有相关利益方同意的情况下,工程师不得寻求在其他与该项目相关的工程中获得雇佣或晋升的机会。

b. 如果工程师在参与前客户或雇主的项目中,或在代表前客户或雇主进行的诉讼中获得了专门化的知识,则在没有得到所有相关利益方同意的情况下,工程师不可参与利益与前客户或雇主相对的方面的项目或诉讼。

5. 工程师在履行其职业责任的过程中不应受到利益冲突的影响。

a. 工程师不可接受来自材料商或设备商的经济或其他好处(包括免费的工程设计),以避免指定该商家的材料或设备。

b. 工程师不可接受(无论是直接或间接地)与客户、雇主或工程师当前负责的工程有关的承包商或其他相关方提供的佣金或津贴。

6. 工程师不可试图通过污蔑其他工程师,及通过其他不正当或令人质疑的方法,获得雇用、提升或职业合作的机会。

a. 在其判断可能受到影响的情况下,工程师不应要求、提出或接受佣金。

b. 只有在符合雇主的政策和道德要求的情况下,工程师才能在自己领取薪水的本职工作外接受兼职的工程任务。

c. 未经同意,工程师不应利用雇主的设备、原材料、实验室或办公设备从事公司外的私人业务。

7. 工程师不应恶意地或欺诈性地,直接或间接地损害其他工程师的职业声誉、前途、实践或职业。当确信他人有不符合道德或不合法的行为时,工程师应该向有关机构提供这类信息。

a. 个体从业的工程师不得评论同一客户下的另一工程师的工作,除非被评论的工程师知情,或者这个工程师与工作的关系已经结束。

b. 政府、产业或教育机构中的工程师,依据他们的职责要求,有资格评价或评论其他工程师的工作。

c. 销售或产业机构雇佣的工程师有资格在不同供应商的供货之间进行工程对比。

8. 工程师应为他们的职业行为承担个人责任。工程师可依据他们所提供的服务寻求补偿,但是发生严重疏忽的情况下,工程师的利益将不被保护。

a. 在工程实践中,工程师应遵守州工程注册方面的法律。

b. 工程师不应利用非工程师、公司或合作者来为自己不合伦理的行为作掩护。

9. 工程师应根据对工程工作的贡献将荣誉给予那些应得者,且要承认他人的所有权权益。

a. 无论何时,工程师应给予有关人员以相应的名誉,他们可能是单独地负责设计、发明、写作或作出其他贡献的人。

b. 当使用由客户提供的设计方案时,工程师要承认客户对设计的所有权,未经同意,不得为他人复制这些设计方案。

c. 在开始接手其他人的工作之前,别人可能对这些工作已经进行了改进、计划、设计、发明或有了其他有正当理由获得版权或专利的成果,工程师应首先就其所有权达成明确的协议。

d. 对属于雇主的工作,工程师所做的设计、数据、记录和笔记均为雇主所有。如果雇主在最初的用途之外使用它们,那么就应该向工程师提供补偿。

e. 通过参与专业实践、参加继续教育课程、阅读技术文献、参加专业会议和研讨会等方式,工程师应在他们的职业生涯中不断取得职业发展,保持自己在本专业领域内的前沿状态。

FIDIC(International Federation of Consulting Engineers)Code of Ethics
国际咨询工程师联合会(菲迪克)伦理章程[①]

国际咨询工程师联合会认识到,咨询工程行业的工作对于实现社会和环境

---

① 原文地址:http://fidic.org/about-fidic/fidic-policies/fidic-code-ethics。

的可持续发展至关重要。为了使工作能够充分有效地促进上述目标,一方面,咨询工程师要不断提高自身的知识和技能,另一方面,社会也必须尊重诚信,信任咨询工程师的专业判断,并对咨询工程师的工作给予公平合理的报酬。

所有菲迪克的成员协会都赞成并相信,如要取得社会对咨询工程师的必要的信任,以下原则对其会员的行为是至关重要的:

对社会和工程咨询业的责任

咨询工程师应当:

1. 承担工程咨询业对社会所负的责任。
2. 寻求符合可持续发展原则的解决方案。
3. 始终维护工程咨询业的尊严、地位和声誉。

胜任力

咨询工程师应当:

4. 使自己的知识和技能保持在与当前技术、法律和管理的发展一致的水平,并在为客户提供服务时运用相应的技能,谨慎、勤勉地工作。
5. 只承担能够胜任的任务。

正直

咨询工程师应当:

6. 始终为客户的合法利益行事,并以正直和忠实的方式提供服务。

公正

咨询工程师应当:

7. 公正地提供专业建议、判断或决定。
8. 告知客户在为其提供服务的过程中可能出现的任何潜在的利益冲突。
9. 不接受任何可能影响自己的独立判断的酬劳。

对他人的公平

咨询工程师:

10. 应推动"根据质量选择咨询服务(Quality-Based Selection)"的理念。
11. 不可因疏忽大意而损害他人的名声或业务,或故意做出损害他人的名声或业务的事情。
12. 不可直接或间接地试图取代其他已被委派了特定业务的咨询工程师的工作。
13. 在客户未通知其他咨询工程师前,以及在未接到客户终止其原先委托工作的书面指令前,不可接管该咨询工程师的工作。
14. 如受邀评审其他咨询工程师的工作成果,应当按照恰当方式礼貌行事。

反腐败

咨询工程师应当：

15. 不提供也不收受任何试图影响（或可被视为影响）以下方面的报酬：

a）影响对咨询工程师和（或）其客户的选用或补偿的过程；

b）影响咨询工程师的公正判断。

16. 充分配合任何合法组成的调查机构对服务合同或建设合同的管理进行的调查工作。

PMI (Project Management Institute) Code of Ethics
项目管理协会道德规范与专业操守守则[①]

第1章 愿景与适用性

（略）

第2章 责任

2.1 责任说明

责任是我们对作出的或未作出的决定、采取或未采取的行动以及因此导致的后果承担责任。

2.2 责任：理想的标准

2.2.1 我们按照社会、公众安全和环境的最佳利益作出决定和采取行动。

2.2.2 我们仅接受与我们的背景、经验、技能和资格相符的任务。

2.2.3 我们完成所承担的义务，我们兑现自己的承诺。

2.2.4 我们在出现错误或疏忽时勇于承担责任，并立即予以纠正。我们一旦发现他人的错误或疏忽，会立即向相关机构报告。我们对任何因我们的错误或疏忽导致的问题以及造成的任何后果承担责任。

2.2.5 我们保护委托给我们的专有或保密信息。

2.2.6 我们坚持本守则，并要求自己和业界同仁对遵守守则承担责任。

2.3 责任：必须遵守的标准

作为全球项目管理业界从业人员，我们对自己以及我们的同仁作出以下要求：

规章与法律要求

2.3.1 我们了解和支持制约我们的工作、专业和义务活动的政策、规定、

---

① 原文（及中文翻译）地址：https://www.pmi.org/about/ethics/code.

规章和法律。

2.3.2 我们向相关管理人员报告不道德或非法的行为,必要时向受此类行为影响的人士报告。

道德规范申诉

2.3.3 我们将违反本守则的行为反映给有关机构,以作解决。

2.3.4 我们仅将有事实依据的道德规范申诉备案。

2.3.5 我们对提出道德规范问题的人进行报复的个人采取纪律处罚行动。

第3章 尊重

3.1 尊重说明

尊重是我们显示高度尊重自己、他人以及托付给我们的资源的责任。托付给我们的资源可能包括人员、资金、声誉、他人的安全以及自然或环境资源。

人们在尊重的环境中可通过培养相互合作关系建立信任、信心和创造优异业绩,这种环境鼓励和尊重不同的观点和看法。

3.2 尊重:理想的标准

作为全球项目管理业界从业人员:

3.2.1 我们应当熟悉他人的标准和习惯,避免自己的行为被他人视为无礼。

3.2.2 我们注意倾听和理解他人的观点。

3.2.3 我们直接与发生冲突或持异见的人士接洽。

3.2.4 我们以专业的态度行事,即使对方不以同样的态度对待我们亦如此。

3.3 尊重:必须遵守的标准

作为全球项目管理业界从业人员,我们对自己以及我们的同仁作出以下要求:

3.3.1 我们真诚地进行协商。

3.3.2 我们不通过行使我们的专长或职位权利影响他人的决定或行动,使他人利益受损,为自身谋利。

3.3.3 我们不以凌辱的态度对待他人。

3.3.4 我们尊重他人的产权。

第4章 公平

4.1 公平说明

公平是我们以公正和客观的态度作出决定和采取行动的责任。我们的行为不得涉及自我利益、偏见和偏袒。

4.2 公平:理想的标准

作为全球项目管理业界从业人员:

4.2.1 我们的决策过程必须具有透明度。

4.2.2 我们不断重新检查我们的公正性和客观性,并在适当时采取纠正措施。

4.2.3 我们向经授权可获得信息的人提供获取信息的同等权利。

4.2.4 我们向合格的候选人提供同等的机会。

4.3 公平:必须遵守的标准

作为全球项目管理业界从业人员,我们对自己以及我们的同仁作出以下要求:

利益冲突的情况

4.3.1 我们积极主动地向有关利益相关者全面披露任何真实的或潜在的利益冲突状况。

4.3.2 当我们认识到存在真实的或潜在的利益冲突时,我们避免参与决策程序或以其他方式试图影响决策结果,除非我们已经向受影响的利益相关者作出全面披露;我们已经有获批准的缓和计划;我们已经获得利益相关者的同意开展行动。

偏袒和歧视

4.3.3 我们不依据个人因素(包括但不限于偏袒、裙带关系或贿赂)聘用或解聘、奖励或惩罚、批准或拒绝批准合同。

4.3.4 我们不依据性别、种族、年龄、宗教、残障、国籍或性取向歧视他人。

4.3.5 我们不以偏袒或带有偏见的态度执行机构(雇主、PMI或其他团体)的规定。

第5章 诚信

5.1 诚信说明

诚信是在我们的交流和行动中理解事实和以诚实的方式行事的责任。

5.2 诚信:理想的标准

作为全球项目管理业界从业人员:

5.2.1 我们真诚地努力理解事实。

5.2.2 我们在交流和行为中保持诚实的态度。

5.2.3 我们及时提供准确的信息。

5.2.4 我们以真诚的态度作出默示或明确的承诺和保证。

5.2.5 我们努力创建让他人在说实话时感到安全的环境。

5.3 诚信:必须遵守的标准

作为全球项目管理业界从业人员,我们对自己以及我们的同仁作出以下要求:

5.3.1 我们不从事或宽容有意欺骗他人的行为,包括但不限于作出误导性或虚假的陈述、作出歪曲部分真实情况的报道、断章取义地提供或隐瞒信息,以致在信息披露后使我们的陈述具有误导性或不完整性。

5.3.2 我们不从事带有个人获利目的或损害他人利益的欺骗行为。

WFEO (World Federation of Engineering Organizations) Code of Practice for Sustainable Development and Environmental Stewardship

世界工程组织联合会可持续发展和环境管理行为规范①

全球性思考,本地化行动

1. 保持并不断加深对环境管理、可持续原则以及你所在的实践领域的认识和理解。

2. 当你的知识不足以解决环境和可持续发展问题时,借用该领域人士的专业技能技巧。

3. 纳入适用于工作的全球性、区域性、本土性和当地的社会价值观,包括本地和社会群体关注的问题、生活质量问题以及伴随着传统文化价值观的一道对环境影响有密切关系的其他社会问题。

4. 运用与可持续发展和环境有关的适宜标准和原则,尽早将可持续成果付诸实践。

5. 评估工作的经济可行性时,通过适当考虑环境变化和极端事件,对环境保护、生态系统的组成部分以及可持续问题的成本和收益做出评定。

6. 将环境管理和可持续计划纳入生命周期的规划以及影响环境的管理工作中,同时采取有效的、可持续的解决方案。

7. 寻求可以在环境、社会和经济之间找到平衡点,同时为创造健康良好的建成环境和自然环境做出贡献的革新方法。

8. 因地制宜地推进内在和外在利益相关者的参与过程,以公开透明的方式实现更多利益相关者的参与。及时回应任何利益相关者与任务有关的问题,包括经济、社会和环境问题。向相关权威机构披露有助于保护公众安全的必要信息。

---

① 原文地址:http://www.iemauritius.com/upload/files/wfeo_model_code_of_practice_article_lapp_july_2015.pdf。

9. 确保工程项目符合相关法律要求和监管要求,并通过采取最易获得、最有经济可行性的技术手段和程序来尽力完善这些项目。

10. 遇有严重或不可逆转损害的威胁时,即使不完全确定其危害程度,也要及时采取缓解危机的措施来降低环境的恶化程度。

DVSA(Driver & Vehicle Standards Agency)

Approved Driving Instructor(ADI)**Code of Practice**

英国驾驶员和车辆标准局注册认证驾驶教练员从业守则[①]

一、个人行为

驾驶教练员应表现出专业性,遵守法律,保证学员的安全,尊重学员。

驾驶教练员应当:

1. 在任何时候,都按照《驾驶员和骑手培训国家标准》所提出的标准,以专业的态度对待学员。

2. 在任何时候,都遵守法律法规的规定,包括:

2.1 保护学员人身自由,并避免年龄、性别、种族、宗教、残疾或性取向等方面的歧视;

2.2 在驾驶或是监督学员驾驶时,不使用手机等移动设备。只有在安全且合法的地方停车时才使用移动设备;

2.3 表现出高水准的驾驶能力和教学能力,遵守安全标准(其中包括在行车时充分考虑其他的道路使用者,特别是行人、骑自行车、摩托车和骑马的人)并以身作则;

2.4 在处理、存储、使用和传播在教练车内或周围拍摄或录制的视频或音频资料时,遵守消费者保护、工作场所和数据保护的相关法律法规;

2.5 避免与学员产生不适当的身体接触;

2.6 避免在教学中对学员使用不恰当的语言;

2.7 不可主动与学员谈论与他们的私人关系有关的话题;除了出于保护个人安全的考虑外,应谨慎避免卷入到学员的私人事件中,或避免参与到与学员的私人关系有关的话题中;

2.8 避免造成不恰当的或可能会让学员觉得不恰当的情形或环境;

---

① 原文地址:https://www.gov.uk/government/publications/driving-instructor-code-of-practice/approved-driving-instructor-adi-code-of-practice.

2.9　尊重和关心学员,在保证学习效果的同时,帮助他们尽快地达到《驾驶汽车和轻型货车国家标准(B类)》所要求的学习目标;

2.10　确保在驾驶培训中教授给学员的任何知识和技能都符合当前实践和法律的要求。

3. 以负责和专业的态度使用社交网络:

3.1　不泄露学员的个人信息;

3.2　在社交媒体上进行宣传营销时,应确保信息内容符合数字通信隐私和数据保护方面的法律规定,以及法律关于垃圾信息、版权和其他网络问题的规定;

3.3　尊重其他社交网络使用者(包括学员、同事等)及他们的观点;

3.4　谨慎发言,不诋毁同行、DVSA、驾考考官和ADI注册官的声誉;

3.5　未经DVSA和学员本人的许可,不散布、传播或发布车内监控摄像头所拍摄的驾驶考试录像。

二、商业运行

由于学员支付了学费,因此驾驶教练员应对学员负责。教练员应记录学员的学习进度,对学员申请驾驶考试的时间给出建议,并在教学过程中给予学员公正合理的指导。

驾驶教练员应当:

1. 对于学员预先支付的任何费用都进行妥善保管,并在收取时就费用名目(课程费、考试费或其他)向学员做出说明。如果学员询问,应向他们提供更加详细的信息。

2. 在第一节课之前或课上,向学员提供本《从业守则》以及商业合同,其中合同应包含以下信息:

2.1　驾校/教练员的合法身份,可联系到教练员或驾校联系人的完整的通信地址和电话号码;

2.2　课程价格和学时;

2.3　使用驾校训练用车的现行价格和条件;

2.4　任何一方申请取消课程所应满足的条件;

2.5　应向学员退还课程费用的情形;

2.6　投诉流程。

3. 在第一节课以及培训期间,定期检查确认学员是否有权驾驶车辆,以及他们在的法定距离上阅读车牌的能力是否达标。

4. 记录学员的学习进度(如他们已经学习的课时数)并确保学员充分了解他们自己的学习进度、与学习目标的差距以及之后的训练要求。

5. 在充分考虑 DVSA 取消预约规定、本地区预约考试等待的平均天数、学员达到考试通过标准的预计时间等方面信息后,与学员讨论并向其建议申请驾照考试的时间。

6. 在未获得学员的知情同意时,不随意取消或更改学员的考试时间。如果教练员决定将教练车留作他用而无法为学员考试提供车辆时,应提前告知学员以免导致其损失考试费。

7. 确保在学员参加实际驾驶考试时:

7.1 备齐了所需的文件材料;

7.2 考试用车符合驾驶法的各方面要求,车辆上正确地展示了教练的证书或执照,安装了额外的后视镜,且正确地贴有 L 或 D 字母标识①;

7.3 满足学员所提出的陪同其进行实际驾驶考试和共同听取结果报告的要求。

三、广告宣传

驾驶教练员应该以公平合理的方式宣传和推广其业务。

驾驶教练员在进行广告宣传时应当遵守以下规定:

1. 涉及驾驶学费的广告宣传必须清晰明确、合理合法,不可有误导和欺骗。

2. 广告中所宣传的一切信息都应当符合英国广告管理与执行管理委员会的《广告规范》且能被验证属实。

3. 涉及考试通过率的广告必须明确通过率的计算方式,不可故意引导受众误读。

四、投诉调解

驾驶教练员应尽快处理针对自己的投诉,处理过程应该以及时解决学员不满为目标。

驾驶教练员在投诉调解时应认同以下约定:

1. 如果学员有不满,首先向教练员、驾校或承包商进行投诉,双方按照培训机构的投诉流程进行处理。

2. 如果经过投诉流程处理后,双方依然不能达成一致或解决纠纷,则进一步的做法是:

2.1 如果学员认为教练员所提供的业务服务不符合要求,他们可以联系当地公民咨询局寻求指导;

2.2 如果学员对教练员提供的专业服务不满意,他们可以通过邮箱与 ADI 注册官联系。

---

① 在英国,持有学习驾驶时所用的临时驾照者需在车辆前后加贴红色的 L 字母标识(威尔士为 D)。

ADTA (Australian Driver Trainers Association INC.) Code of Practice
澳大利亚驾驶教练协会从业守则①

摘要
本守则要求驾驶教练员：
(1) 为学员学习提供安全、适配的教练车；
(2) 以高的个人标准要求自己，注意个人卫生和仪表；
(3) 在驾驶中表现优秀的技能和优良的习惯；
(4) 以尽可能正直的方式从业；
(5) 符合并超越最低教学标准；
(6) 遵循行业的商业惯例并遵守相关法律要求；
(7) 支持从业行为应具有专业性的观点并遵照实践。

1. 为学员学习提供安全、适配的教练车
教练车不能有以下任何老化的迹象或故障：
(1) 仪表盘损坏，或是汽车外板（包括保险杠）上有不同颜色的喷漆；
(2) 前灯、刹车灯、指示灯等的灯罩破裂或不透光；
(3) 挡风玻璃和车窗玻璃上有磨砂、裂缝或星形裂纹；
(4) 地毯、脚垫或座椅套破损、裂开或磨损严重；
(5) 无法或很难调整座椅位置，操控装置（包括副驾驶操控装置）使用困难。

教练员的教练车应该满足以下条件：
(1) 车身内外整洁干净；
(2) 随时保持在适合上路的状态；
(3) 各项登记在有效期内；
(4) 按制造商的推荐定期检修；
(5) 每天检查，确保风窗玻璃、车灯、轮胎、后视镜、燃料、冷却剂、刮水器、制动踏板和转向盘等安全合法；
(6) 教练员的身份标识清楚地展示于前排座位；
(7) 为教练员配备了完整的副驾驶操控装置——手动挡汽车为3个踏板，自动挡汽车为2个踏板；

---

① 原文地址：https://www.adtav.org.au/images/ADTAV-Code_of_Practice_Booklet-1up.pdf.

(8)副操控装置上配备有蜂鸣器；

(9)为所有乘车人配备了安全带；

(10)车内保持适宜的温度；

(11)主速度计安装在后排考官可视的范围内，或者按照维多利亚州公路局的要求加装了副速度计；

(12)在车辆前后方有适合悬挂"L"类牌照的车牌架；

(13)车辆悬挂有"L"(有些地方是"P")或"教练车"车牌；

(14)为教练员加装了至少一套副后视镜。

教练员在教学期间应全程禁烟。

建议教练员购买全套车辆保险、职业责任险以及公共责任险。

2. 以高的个人标准要求自己，注意个人卫生和仪表

教练员应该：

(1)在穿着和个人卫生方面达到职业标准；

(2)保持高度守时和责任心；

(3)不在日常教学和考试中使用手机；

(4)不在日常教学和考试中吸烟；

(5)除见面握手、偶然触碰、驾驶过程中的紧急状况外，不与学员产生任何身体接触；

(6)保证在工作时，血液中的毒品和酒精含量为零。

3. 在驾驶中表现优秀的技能和优良的习惯

教练员应该：

(1)悉知并且遵守一切行车规则；

(2)具备教学的各个阶段所要求的驾驶能力及使用副驾驶操控装置的能力；

(3)向学员展示准确、流畅、文明和系统化的驾驶行为；

(4)向学员展示安全的驾驶行为，驾驶车辆保持在正确的速度和位置，以尽可能降低事故率的方式驾驶；

(5)遵守道路法律法规；

(6)在车上时，永远以安全作为首要原则。当车内人员或其他道路使用者面临安全威胁时，使用副驾驶操控装置进行适当的干预；

(7)在发生或险些发生事故之后，无论有无过错或最终是否承担责任，都批判性地反思自己在事件中的作用；

(8)愿意反思、公开谈论及改正自身错误；

(9)只在自己的健康条件符合工作要求时才进行驾驶培训或参与驾驶考试。

4. 以尽可能正直的方式从业

教练员应该符合以下要求:

(1)以公正合理、诚信正直、文明礼貌、光明磊落的方式行事,不做任何不可接受的行为;

(2)以职业化的、得体的态度对待学员、学员的家长和监护人、维多利亚州公路局工作人员;

(3)在所有可实施的教学方法中,总是选择最好的一种培训学员;

(4)不骚扰学员(包括性和其他方面),不辱骂学员或使用污秽、含有暗示意味的语言,不以任何过分的态度对待学员;

(5)在与学员、潜在学车者、学员家长和监护人、维多利亚州公路局工作人员的交流之中,只提供准确无误的信息,不可故意欺骗和误导;

(6)在发现他人有任何不当从业行为、收受贿赂或威胁恐吓时,第一时间报告相关管理机构;

(7)在培训学员之前(或在第一次培训课上),告知学员课程费用结构、付费方式以及课程取消和退款规定等的详细信息;

(8)仅在对一个问题具有足够的知识和经验的基础上,才表达意见、发表声明或出面指证;

(9)积极配合官方授权人员对教练员遵守从业守则情况的调查,或其他管理机构人员开展的调查研究。

以下(但不限于以下)这些行为不可接受:

(1)威胁、恐吓、虐待、辱骂他人;

(2)开具有冒犯性的玩笑;

(3)使用具有冒犯性的语言;

(4)对他人的种族、民族、性别、性取向、身体残疾、外貌和宗教信仰等发表歧视性或暗示性的言论;

(5)表达对他人所在群体的行为、价值观、文化和能力等方面的刻板印象;

(6)侮辱或贬损他人的学习能力或驾驶能力;

(7)询问性或其他方面的个人问题,或就这些话题发表评论;

(8)有意与学员产生身体接触;

(9)展示具有冒犯或淫秽性质的图片或材料;

(10)以不正当理由强迫学员;

(11)夸大自己的教学通过率、教学经验或经历。

5. 符合并超越最低教学标准

教练员应该:

(1) 为学员提供安全(包括身体安全和心理安全)的学习环境;
(2) 按照一套成熟合理的流程进行教学,并且让学员提前了解该流程;
(3) 努力提升驾驶学习过程的目的性和价值感。在每次课前,清楚地解释所要达到的学习目标;
(4) 为学员提供清晰明确的教学指导;
(5) 在环境条件变化时,灵活修改教学计划以更好地达到教学目标;
(6) 在教学中讲授有用的、相关的、可靠的内容;
(7) 定时给学员提供有意义的反馈;
(8) 在培训课程结束时,为学员上路行车提供有意义的建议;
(9) 在每次课程中或结束后,反思自己的教学中的不足,并努力提高;
(10) 做好培训和评估记录,记录应准确、完整;
(11) 在实际驾驶培训中,教给学员正确的驾驶技能;
(12) 确保最终达到以下教学目标:学员完全掌握了驾驶汽车必要的技能,能够按照道路法规,以安全、可胜任的方式,独立上路行驶。

6. 遵循行业的商业惯例并遵守相关法律要求

一名认证驾驶教练员应该:
(1) 遵守所有联邦和州的相关法律法规、商业管理指导方针、驾驶培训商业条款等,包括(但不限于)隐私、职业健康保险、道路和儿童保护法等方面;
(2) 按照隐私法的要求,对敏感身份学员的信息进行保密;
(3) 做好准确的业务记录;
(4) 为提供服务所收取的所有款项提供税收收据;
(5) 为学员提供英文版本的退款、提前收费、退课费收取规定;
(6) 谨慎、得体地处理学员投诉;
(7) 为避免损害驾驶培训行业的声誉,杜绝任何违背澳大利亚驾驶教练协会利益的行为。

7. 支持从业行为应具有专业性的观点并遵照实践

一名认证驾驶教练员应该:
(1) 在驾驶培训过程中关闭手机、设置为静音或呼叫转移;
(2) 在培训课上只进行教学活动,不可进行其他活动,如购物或办其他私事;
(3) 仅在学员同意的情况下,才在训练车中搭载他人,且此人只能是安全员、驾照考试考官或其他与学员驾驶培训有关的人员;
(4) 穿着干净、整洁、保守的衣服以及安全、实用的鞋子;
(5) 准时按约定开始培训,在不可避免地要迟到或者取消预约的情况下,应尽可能与学员取得联系并建议其延迟到达预定地点,教练员应适当允许学员免

费取消预约和改期;

(6)提前告知学员训练地点(如街道或郊区),如果学员不足18岁且家长/监护人询问,则也应将训练地点信息提供给家长/监护人;

(7)在有偿雇佣或签约他人为学员进行培训时,只雇佣在维多利亚州拥有驾驶教练员资格的人。

驾驶教练员在第一节培训课上或之前,应该给学生提供其业务条款的书面副本,内容包括:

(1)驾校/教练员的合法身份及其联系方式;

(2)课程时长和课时费;

(3)维多利亚州驾照考试的报名费;

(4)任意一方取消培训的条件。

关于驾驶培训的广告必须诚实可信,其宣传内容应能被证实:

(1)涉及考试通过率的广告必须明确通过率的计算方式,不可故意引导受众误读;

(2)但凡给出"一次通过"承诺的,都应以书面形式进行保证,对于例外情况应有具体的条款进行解释说明。

ASE(National Institute of Automotive Service Excellence) Certified Technician's Code of Ethics

美国汽车服务卓越协会认证维修技术人员伦理准则

凡经本协会认证的维修技术人员需同意并签署以下八项声明:

1. 我会努力以一流的技术进行服务。

2. 我会利用一切机会增加我在工作方面的知识和技能;我会致力于终身学习。

3. 在维修中,我会使用已被证明安全的和汽车制造商所推荐的维修材料。

4. 在向车主建议维修项目时,我会只推荐自己认为确实有必要进行的项目。

5. 我会像对待自己的车一样对待车主的车。

6. 我会尽力纠正其他技术人员所犯的无心之过,而不会趁机损害其个人或业务的声誉。

7. 我会以维护和提高公众对 ASE 认证技术人员的尊重为己任。
8. 我会保持诚信正直,竭尽所能为车主、雇主和我自身三方的最大利益而工作。

ASA(Automotive Service Association) Code of Ethics

美国汽车服务协会伦理章程①

凡成为本协会会员的汽车维修机构,其所有者和管理者都应同意遵守本伦理章程。本章程是对汽车维修行业中的商业行为进行规范的伦理标准。

(1)以公平合理的价格提供高质量的维修服务。

(2)所使用的配件应当是由信誉良好的公司生产的经检验的高质量商品。

(3)雇用熟练的维修技术人员。

(4)对客户提供发票,发票应详细标明分项(包括所使用的各个零部件和服务费),且各项收费应当合理;若客户有要求,应可对更换的部件进行检验。

(5)对每个客户都有应当有责任感。

(6)维修服务应能够促进与客户之间的互信和友好关系。

(7)针对每辆车提出合适的维修和维护建议,并向客户清楚地解释哪些是纠正已有问题所必需的维修,哪些是预防性的维护。

(8)在正式维修前,应先向客户提供价格估算。

(9)向客户提供或邮寄所用配件及所提供服务的担保凭证。

(10)在维修开始前,应先以书面形式或其他客户同意的方式,取得客户对维修的事先授权。

(11)如不能履行与客户的预约或不能按时完成事先的维修承诺,应及早通知客户。

(12)维修记录应保存一年以上。

(13)在保有车辆等属于客户的财产时,应当对这些财产给予合理的关照。

(14)建立公平处理客户投诉的制度。

(15)应积极配合针对消费者投诉的调解活动。

(16)坚持维修行业的高标准,并始终致力于纠正行业内的任何弊端。

(17)维护协会成员的声誉。

---

① 原文地址:https://asashop.org/about/our-story/code-of-ethics/.

Postscript ｜后记｜

建设交通强国需要什么样的交通运输从业人员队伍？怎样去建设这支队伍？国内外的经验告诉我们，仅仅提高从业人员的学历层次和技能水平是不够的，还必须教育引导从业人员强化职业意识，遵守职业道德，做一个真正的职业交通人。这就要求交通类院校应对学生开展交通运输职业伦理教育，交通企事业单位应对从业人员开展职业伦理培训，教育引导他们树立正确的价值观，懂得我们交通运输职业的特点，什么样的职业品质是最好的，职业行为对错的标准是什么，遇到异常情况我们如何进行价值判断进而正确行事。2016年8月，我带队赴湖南省水运管理局调研，与时任局长、湖南师范大学伦理学专业博士钱俊君先生探讨编著一本《交通运输职业伦理》，供交通运输从业人员学习参考，他认为很有必要并提出了很多好的意见建议。随后，我指导我中心人才评价研究处温悦同志边学习、边调研、边撰写。

在编著本书的过程中，我们深感伦理学不仅是一门理论性很强的学科，而且实践性也很强。要编著一本高质量的《交通运输职业伦理》确实是一件不易的事情，不仅要学习掌握伦理学的一般原理，具有一定的哲学理论素养，而且要了解交通运输职业特点，调查研究清楚交通运输职业的一系列职业伦理问题。

本书主要由温悦同志编著。她利用4年时间阅读了大量的伦理学书籍，特别是工程、法律、卫生、食品等行业的应用伦理学书籍，并到交通运输企事业单位开展了一系列调查研究，召开了若干个专家座谈会，与交通运输专家们一起研究探讨交通运输职业伦理问题。专家们提出了很多好的意见建议。

我对本书进行了审阅，改写了第一章。随着学习思考的深入，越发觉得这本《交通运输职业伦理》还有不少不尽如人意的地方，深感对交通运输职业伦理的理论研究还不够，特别是对五种交通运输方式的共性和个性研究不够，对每种运输方式的不同职业伦理问题研究不透。本书只是对众多交通运输职业伦理问题中很小一部分问题做了一般性描述，而且还很肤浅。虽然有很多不完美的地方，我们权衡利弊还是决定出版这本书。希望本书的出版能够引起交通运输行业的各级管理者和广大从业人员对交通运输职业伦理问题的重视，同时希望能够起到抛砖引玉的作用，我们乐意与交通运输高校的专家学者一起深入开展这一研究。

我们将继续每年召开交通运输职业发展研讨会，并将交通运输职业的伦理问题纳入研讨范围，深入研究每一个职业具体的伦理问题，不断完善交通运输从业人员的职业道德规范。欢迎更多的专家学者和交通运输一线的从业者参与到对交通运输职业伦理的研讨中来。

申少君
2021 年 9 月 7 日于北京